教育，
让成长真实发生

叶翠 / 主编

中国人民大学出版社
·北京·

本书编委会

主　编　　　叶　翠

编　委　　　田艺伟　冯庆鑫　谢　园　张丽君
　　　　　　　于海宁　田晓萌　岳巍巍　王　贺
　　　　　　　邸泽民　籍小婷　姜　维　代素慧
　　　　　　　叶　翠

CONTENTS 目 录

序 / 1

第一辑　明确目标，帮助孩子更好地应对未来

一切出于教育的目的 / 5

一场和鱼有关的生命教育 / 8

爱要有智慧 / 12

班级管理的三个妙招 / 18

不断代入，点点改变 / 23

重新思考"问题"学生 / 27

让每个孩子的成长各具丰姿 / 32

第二辑　九年一贯，让课程滋养生命

跳出"数学的盒子" / 41

综合课程的精彩 / 45

项目式游学课程 / 51

开展 STEM 教育的实践与思考 / 55

从艺术到"艺树" / 59

教育戏剧让成长在学习中真实发生 / 63
　　让孩子成为活的教科书 / 68
　　将预习进行到底 / 72
　　"连载"的自主学习任务单 / 76
　　初中数学学习中的"贵宾"服务 / 80
　　切中痛点——戏剧课堂"连环计" / 85
　　"评"定历史的天下 / 88
　　过程性评价，从有用到好用 / 92
　　改变评价方式，让学生了解自己 / 95

第三辑　从教走向学，让学习真实发生

　　如何让学习目标变得清晰而精准 / 103
　　"世界地区"大单元教学设计 / 113
　　表现型任务使数学理解真实发生 / 121
　　核心任务驱动地理教学 / 126
　　运用核心任务，再造教学流程 / 130
　　用量规引导阅读 / 135
　　对托物言志类单元设计的思考 / 142
　　吃葡萄不吐葡萄皮？ / 146
　　一面打开学习的墙 / 150
　　巧用工具，将阻力变助力 / 154

巧用情节曲线撬动阅读和写作 / 158

走出物理教室的物理学习 / 161

解构·重组·衍生 / 165

第四辑 教师，在自我迭代中成长

教师能自我更新，方可成就学生 / 171

找"我" / 175

努力成为最好的赛车 / 178

教室成长史 / 181

"大概念"进阶路 / 187

认准目标，寻求突破 / 191

第五辑 服务教学，管理走向标准化

"报报熊"来了 / 197

从管理事到服务人 / 199

将资源用在离学生最近的地方 / 202

合并校的文化基因如何建立 / 206

后　记 / 213

序

/ 刘艳萍 /

2014年3月26日,北京市海淀区太平东路的小胡同深处,发生了一件足以改写很多人命运轨迹的"大事":一墙之隔的第206中学与群英小学合并,成为十一学校承办的第一所九年一贯制学校,命名为北京市十一学校一分校。

当初讨论校名时,李希贵校长对是否命名为"一分校"有所保留,我忙不迭地表示:"校长,就叫'一分校'吧!""为什么?"校长问我。"以后再有分校就叫'二分校''三分校'……我们在分校中排行老大。"我回答。在场的校务委员们哈哈大笑起来。没想到我的"小算计"压根没有得逞的机会。"一分校"空前绝后地成为十一学校体系内唯一一所以数字序号命名的学校。后来,李希贵校长在某个场合解释过原因:"我们只办学校,不办分校。希望每一所学校在总校的帮扶下能够快速成长为价值观一脉相承的盟校,最后成长为一所有自己个性风格的学校,因此,校名中不要有'分校'二字,更不要以数字排序。""一分校"成立三年后,李校长曾问我,是否考虑重新为"一分校"命名,我连连摇头说:"舍不得啦,舍不得啦!""一分校"这个名字,承载了众多的成长故事,倾注了太多的情感、心血,早已嵌入我们全体师生的生命记忆里。

五年前,竖立在两校之间的那堵高高的院墙,在优质教育均衡化发展的大潮下被拆除,两所学校成为一所学校,在"换汤不换药"的担忧和质疑声中,诞生了这所九年一贯制学校。站在院墙的废墟上,当时我无法预测明天会怎样,更不敢保证一定能够不负众望,因为答案要靠全体老师书写,命运要靠全体老师改变。

五年后,站在郁郁葱葱、生机勃勃的校园里回首来路,答案清晰可见。曾经，学生在老师眼里就是被管理的对象，过度强调师者威严，忽视学生利益。今天，每个学生在老师眼中都是鲜活的生命个体，都那样与众不同，潜能无限。研究学生的成长路径，为学生提供个性化的支持与帮助，成为老师们日常研究的核心内容。曾经，老师们不知课程为何物，教材是课堂的全部，枯燥乏味的教与呆板机械的学，导致教学质量在低位徘徊，教师缺乏职业成就感。今天，课程作为育人的载体早已深入人心，与之相匹配的教学方式与学习方式正在经历新一轮的迭代探索。如何教、如何学、如何评，学校空间如何构建，资源、工具如何支撑学习……老师们既从教学论、学习论、脑科学、儿童发展心理学等领域的经典著作中追根溯源、萃取精华、强根固本，还能够面向未来，站在立德树人的使命高度探寻培养学生核心素养的实践路径。曾经，老师们习惯了那种按部就班、波澜不惊的教书生活。今天，每位教师都心中有爱，眼中有光，肩上有担当，扎实探索，大胆创新，编织着受人尊敬的、富有意义的教育生活。

这就是真实的成长，看得见，摸得着。身在其中的每个人，都经历过新我向旧我的挑战、新知对旧知的颠覆、新生与旧生的撕裂弥合。努力、挣扎、求索、反省、突破、内生、创造，奋斗的瞬间化作记忆的永恒，也就有了这本凝聚着全体教师成长智慧的合集的出版。

成长，还在继续。谨以这本合集纪念岁月，感恩收获，祝福未来。

2019 年 12 月

第一辑

明确目标,
帮助孩子更好地应对未来

作为教育者，我们可以成为现实与未来的连接者，让未来的光指引孩子成长。

正如北半球夜晚的航船，只要看到了北极星，就一定不会迷航。

指引孩子走向未来的北极星就是那一个一个连接现实与未来的目标。

当每一个目标都出于教育的目的，

当每一次改变都饱含爱的智慧，

当每一回试错都能激起新的斗志，

当每一场挑战都会明确前行方向，

我们的孩子就拿到了通向未来彼岸的罗盘，以更加自信的风姿前行在属于自己的成长之路上。

一切出于教育的目的

冯庆鑫

那年暑假，我带着学校"龙娃"足球队的部分队员去秦皇岛参加足球夏令营。活动的前几天我们要参加组委会统一安排的训练和比赛，最后一天计划去海边参观。学生提前就知道了行程，个个对去海边玩满怀期待。

孩子们终于盼来了这一天！出发前，夏令营的负责人找到我说："冯老师，今天去海边参观的时间会减少半个小时，因为参加夏令营的另外两所学校的带队老师都觉得孩子们太淘气了，担心他们到海边撒欢儿不安全，建议站在远处看看就行。您觉得可以吗？"

我心一沉，心想"孩子们好不容易看到大海，不能到海滩上玩一玩，一定特别失望"，但又不好马上回绝，就回答说"到时候看情况吧"。

登上大巴车后，我坐到足球队里最淘气的小顾旁边，问他："一会儿到了海边打算玩什么啊？"

"老师，太热了，先洗个海水澡吧！"

我一听洗海水澡，头脑中马上就浮现出一大群淘气包冲向大海的场面——乖乖，确实吓人！但我不露声色，继续问他："除了洗海水澡，你还想玩什么？"

"玩沙子啊！我们最喜欢玩沙子了！"

"噢！"沉思了一会儿后我又问他，"那你们现在最流行的游戏是什么？"

"《我的世界》《穿越火线》《攻城保卫战》这些，您这都不知道吗？太 OUT（落伍）了，就是建造自己的基地然后进行防御……"

小顾的话匣子一下子打开了，他滔滔不绝，完全停不下来，而我心里则盘算好了一个计划。

到达目的地后，我找到活动负责人说："孩子们已提前知道行程，临时取消会让他们认为大人不守信用，还是让他们到海滩上玩一会儿吧。就半个小时，我有办法保证他们的安全。"

就这样，另外两所学校的学生，在离海边大概50米远的人造广场上被老师们看管起来吃零食、打扑克，而我们学校的孩子则跟着我兴高采烈地奔向海滩！

正当孩子们脱掉鞋子准备冲进大海时，我跑到队伍前面，在离海水大概10米远的地方站定，发出号令："停！伟大的战士们，战斗即将打响，我们要一起完成一个艰巨的任务——'保卫司令部'！"

听到"保卫司令部"几个字，孩子们精神为之一振，马上聚拢过来。

"大家看，从现在开始老师站的这个地方就是司令部。这里距离海水大概10米远，海水在不断涨潮，你们所有人都要想办法阻止海水冲垮司令部。如果30分钟内海水没有得逞，我们就赢得了保卫战的胜利！"

"这还不简单，咱们一起建造大坝，来阻拦海水的冲击！"小顾的一句话把所有人的兴致都点燃了，大家马上投身到"伟大的"事业中。

一个孩子说："按照物理特性，大坝不能建造成'一'字形！"

另一个孩子说："三角形结构最坚固，大坝应该上窄下宽。"

"我觉得一道大坝不行，还得多重拦截。"

"光拦不行，还得想办法把海水分流。"

"我们可以在第一道大坝和第二道大坝之间建造一个蓄水池。"

…………

孩子们群情激昂，七嘴八舌地贡献智慧，仿佛拯救世界的英雄。

我坐在沙滩上，看他们如同蚂蚁搬家般忙碌，暗赞自己"狡猾"。孩子们不但自主运用各学科知识，还根据任务进行了明确分工，有挖坑的，有运沙子的，有建造大坝的，有负责工程总调度的，还有负责观察"敌情"的。他们把注意力全部放在了保卫司令部上，把想洗海水澡的事情忘得一干二净。

30分钟到了，孩子们成功阻止了海水的袭击。当我宣布他们赢得了胜利时，小家伙们热烈拥抱，欢呼庆祝。

在返回营地的路上，另外两所学校的学生不断抱怨行程无聊，而我们学校的孩子们则还在热烈讨论进一步加固工程的策略，其中一个小"学霸"还算出了接下来半小时里海水涨潮的速度。

另外两所学校的负责老师问我："你胆子真大，敢让这群淘气包去海边，不怕出事？"

我说："怕啊，那30分钟里，我的心一直悬着。但夏令营嘛，本来就是让孩子们出来锻炼的，担点儿风险在所难免。关键是，如何既能放开学生，又能掌控风险。"

在教育中，我们往往为了规避风险而选择管控学生，用条条框框去约束孩子的行为。本是出于管理的需要，却偏偏冠以教育的名号。

就像这次夏令营，如果单纯站在管理的角度，片面、消极地将安全作为活动的唯一目标，那学生就只好"望洋兴叹"。不让孩子在海边撒欢儿，风险确实小了，却违背了孩子的天性，牺牲了孩子探索的机会。如果站在教育的角度，以"学生的成长利益"为重要的考量因素，我们就会发现，尊重孩子与管控风险并不矛盾。保障学生安全是夏令营课程的底线，而夏令营课程的育人目标是锻炼学生的意志品质，没有一定的冒险精神怎么行呢？于是，我们就有了"保卫司令部"这一课程设计。这既充分尊重学生的意愿，允许他们到大海边撒欢儿，又整合了电脑游戏和玩沙子游戏中的诸多元素，以学生喜欢的任务成功地将学生吸引到可控的安全范围内。令人惊喜的是，在这样的真实情境中，学生自然而然地调用已有的知识、经验跨学科地、创造性地解决问题。

保护天性，唤醒潜能，培育品格，捍卫童年——它们不是漂亮的口号，而应该是实实在在的教育行为。

一场和鱼有关的生命教育

朱月玲

提起四年级的学生，小军和小斌最有"名气"，他们做的"坏事"可以用"数不胜数"来形容了。比如，他们抓过校园喷水池里的鱼；拔过校园里甬道上大树的营养液；在科学课上把自来水打开，让教室里水流成河；往班里同学的抽屉里放蚯蚓和蚂蚁；大面积划破用来保护校园绿植的防护棚……

班主任和任课老师们想了很多办法帮助他们。我与他们之间的故事发生在 2016 年的冬天。

偷鱼 —— 犯错误的原因竟如此美丽

这不，小军、小斌以及他们的家长都到我的办公室来了。一问原因才知道——中午吃饭的时候，趁生物老师不在，小军、小斌他们俩偷偷溜进了生物教室，把杨老师养了好几个月并且已经怀孕的鱼偷走了！他们把鱼放在教室外面的干草丛里，下午放学后去看 —— 鱼早就死了！

调查清楚后，我们进行了"三方"会谈。这两个孩子似乎认识到了错误的严重性，但我从他们知错、认错的表情中看到的却是"无所谓"。他们每次犯错的时候，都是这种表情。他们知道，后续处理大多就是向老师道歉，家长照价赔偿，自己有可能要写一份反思。

我也在想，如果按照惯例来处理，他们可能就会旧戏重演，因为他们根本就没有真正受到触动。道歉，只是嘴动一动说句"对不起"；照价赔偿，是家长出钱；写反思，几乎就是轻描淡写几句"我错了"。

于是，我追问他们偷鱼的原因，他们说："看鱼漂亮，喜欢，准备放学后拿回家观察。"原来，搞破坏源自喜欢。因为喜欢，所以想据为己有。我想，了解孩子错误行为背后的动机，让孩子学会为自己的行为负责，比简单惩罚更重要。

养鱼 —— 惩罚可以如此美好

必须让孩子有真正意义上的付出，他才能有真情实感。《北京市十一学校一分校行动纲要》（以下简称《行动纲要》）指出："惩罚也是一种教育。惩罚要就事论事，立足学生成长，要以学生可以接受的方式实施。"

于是，我想到了一个惩罚小妙招，那就是让他们养鱼。

"既然知道错了，我们就要改正错误。"我郑重其事地与孩子、家长沟通，"我的建议是，你们俩要像杨老师一样养鱼。"两个孩子瞪大眼睛看着我。显然，这样处理出乎他们的意料。

我说了养鱼原则。

1. 在家长陪同下，去花鸟鱼虫市场买几条和杨老师养的同样品种的小鱼苗。
2. 要把小鱼苗养成"怀孕的鱼"后才能还给杨老师。
3. 买鱼不能用家长的钱，要用自己的零用钱。
4. 在养鱼的过程中，不能让家长帮忙，换水、喂食等都由自己完成。
5. 还鱼的时间为 2017 年 6 月 30 日前。

家长表示一定配合，孩子们也同意。孩子们养鱼期间，我一共进行了三次监控。2016 年 12 月，我问他们："开始养鱼了吗？"2017 年 3 月，我问他们："小鱼养得怎么样了呀？"2017 年 5 月底，我提醒他们："下个月就到还鱼的时候啦！"

两个孩子虽然没有跟我汇报细节，但都表示小鱼一直在他们的关心下成长。

还鱼 —— 承认错误也可以如此动人

2017年6月30日下午放学后，两个孩子和他们的家长，再次来到我的办公室。两个孩子每人都捧着一个小鱼缸，里面装了几条已经怀孕的小鱼。

我说："不错呀！两个人都养成功了？"

小军说："不是，是在鱼市买的。"

小斌说："我的也是买的。"

"为什么？没兑现承诺呀！"我故作严肃地问。小斌哇的一声就哭了，一边哭一边说："养鱼太不容易了！这段时间，我换了三次鱼，每天给它们喂鱼食，隔几天换一次水，可他们还是死了！"小斌妈妈补充说："每次买鱼的时候，小斌都在市场里询问卖鱼人有关养鱼的知识，最后一次竟然聊了两个多小时。他每天到家后第一件事就是看鱼。"

小军和他妈妈也说，在这段时间里，他中途换过一次鱼，在网上查阅了很多有关养鱼的资料，还买了相关图书学习。

两个孩子都表示，养鱼不仅辛苦，还要时刻担心鱼会生病或死亡。小鱼死的时候，他们特别伤心。他们已经知道杨老师把小鱼养大是一件多么不容易的事了。

最后，他们拿着买来的小鱼去向杨老师道歉并还鱼。回来后他们兴奋地表示，杨老师接受道歉，并真诚地邀请他们随时和她一起研究养鱼的问题。

历时六个多月，两个孩子养鱼失败，以买来的鱼偿还，但他们却受到了教育。他们体会到了要爱护动物；他们学会了换位思考，理解了劳动的辛苦；他们学到了不少有关鱼的知识；他们学会了负责和坚持，体会到了失去的痛楚。

在教师的心目中，不应该有坏学生，只可能有心智发展不成熟的学生。学生在成长道路上犯错误，就像学习走路的幼儿跌跟头，绝大部分跟道德品质没有多大关系，每犯一个错误都可能意味着一次成长。

当学生犯了错误时，教师不应急躁，应先努力寻找适合他们的教育方式。给孩子以真实的体验，让他们在体验中受到震撼，远远比说教更有意义。

爱要有智慧

赵文静

这几年,我一直担任低年级的班主任。低年级学生善良、单纯,但调皮好动。我一直在思考:如何在释放儿童天性的同时又能让这帮小豆包养成内在的秩序感,成为有修养的人呢?通过不断总结和反思,我有了一些想法。

讲故事胜于单纯管理

当学生出现问题时,大家通常会怎么做呢?刚工作时,我会让全班学生都坐好,然后开始摆事实,讲道理,有时候还会吼几嗓子表示"老师很生气,后果很严重"。起初,这个方法确实管用,学生好像被我的威严震慑住了,能安静下来听我讲。但有过几次后,学生慢慢就习惯了,我再滔滔不绝时,有些学生便开始"神游"。

于是,我想:"这些道理怎么讲出来才能让学生爱听呢?"有一次,我无意中听到班级的卫生组长说另一名学生:"垃圾就在眼前你都不捡,你为什么不学学《特殊的考试》里那只小白兔呢?"由此,我一下子想到了绘本,这可是学生喜欢看的。

很多低年级学生还没有养成良好的卫生习惯,总爱用小脏手去抓食物。我每次都要像复读机一样,一遍遍重复"去洗手,去洗手,去洗手"，但还是会有学生想偷偷摸摸蒙混过去。一天，我把《不洗手的战争！》读给学生听。这本书是从一个小细菌的视角，形象地说明了病菌是如何危害人们健康的。听完以后，学生都乖乖地去洗手了。

这样的绘本故事还有很多。《大卫上学去》可以让学生了解在学校要遵守的规定，《全都是我的！》可以让学生懂得分享，《小黑鱼》可以让学生知道团结就是力量……

为什么讲故事就能让道理不说自明呢？因为学生很容易被故事卷入，他们会以故事中的角色自居，把自己当作故事中的人物。这样教师不用说多少道理，学生也知道该如何去做。

针对班里的状况，除了借助绘本，我还会借助一些新闻事件对学生进行教育。

有一次，我们班一个学生上楼梯时摔倒了，后面有学生没来得及停住，结果摔在他身上；紧接着，开始有学生抱着好玩的心态想要趴上去，还好我在后面及时制止了。回到教室后，我马上找出2014年上海市外滩踩踏事件的有关资料，告诉学生遇到这样的情况该怎么做。后来，我们班就再也没有人这样玩了。有一次，有个学生上楼时摔倒了，我们班学生不但主动把他扶起来，还阻止后面的同学向前走。

我们班还围绕"野生动物园老虎伤人事件"展开讨论，有的学生说："有吃人的大老虎的地方，她怎么敢下车呀？"还有学生说："牌子上都写了不让下车，她可真不听话！"通过讨论，学生更加认识到遵守规定的重要性。

学生都不爱听大道理，低年级学生更是如此。用讲故事的方法既能保护学生的天性，又能培养他们的内在秩序感。

正面管教，奖惩有方

说起教育学生，"表扬"这个词大家一定不陌生，而说起"惩罚"，大家就有点儿谈虎色变。难道我们的班级管理中只能有表扬和鼓励吗？我不这样认为。经验告诉我，正面管教要奖惩有方。

驱使学生学习的基本动机有两种：一种是社会交往动机，另一种是荣誉动机。前者表现为学生愿意为他喜欢的老师努力学习，从而获得老师的称赞；后者则是一种更高级的动机，表现为学生想要得到别人的肯定、赞扬、称颂等。这两种动机是学生学习自觉性和积极性的心理基础。因此，教师只要能在自己的教育教学中恰当地运用鼓励和表扬，就能激发学生积极进取、刻苦求学的潜能。

表扬一些优秀的学生当然是轻松、愉快的，而班中有些学生似乎很难让我们找到表扬他们的机会，他们好像全身都是毛病。不过，我慢慢发现，如果整天盯着他们的毛病，毛病不但不能盯好，还越盯越严重。原来，和分层教学一样，不同的学生应该有不同的表扬标准。有些比较出色的学生，受到的表扬多了，便容易变得骄傲。这时候，我们要提高表扬标准，让他们在自己的基础上得到进一步提升。有些学生情况不好，我们应该为他们量身设定表扬标准。想要找到更多表扬学生的机会，就要多去发现他们的闪光点。

虽然表扬是个好方法，但班级管理其实离不开惩罚。在如今这个提倡爱和鼓励的年代，惩罚这个词变得有些敏感。其实，在我们的班级管理中，不是不可以惩罚，关键是如何惩罚。

有这样一个笑话。有个人闯红灯被交警拦住了。这个人对交警说："请你让我走吧！我是老师，上课快迟到了！"交警说："你是老师？太好了！我等这个机会等了20年了，你把'不再闯红灯'写100遍。"

这只是一个笑话，但它也反映出罚学生抄写是部分老师在做的事。

我们班有一个小胖子叫龙龙。有一天中午，他和楼道里负责打饭的师傅起了冲突。龙龙在排队时和同学打闹，师傅制止，龙龙不但不听，还动手打师傅。其实，有些学生的心理是这样的：这个老师不教我，他的话我就可以不听；部分学生甚至认为打饭的师傅不算老师，就更肆意妄为了。

我把龙龙叫到身边和他讲道理，结果说了半天也没用，他一直为自己的行为辩解。于是，我决定让他亲身体验一下师傅的工作，借此让他反思自己的行为。我告诉他："不管你有多少理由，打人就是不对，你得对你的行为负责，罚你跟叔叔一起负责打饭三天。"

第一天，龙龙不乐意去，我提醒以后他才别别扭扭地去了。一个中午下来，龙龙的嗓子都喊哑了。吃完饭，看见别的同学都出去玩了，他却要留下来整理餐具，龙龙的眼睛里充满了羡慕。我趁机告诉他："如果明天你工作做得好，我就跟师傅说让你早点儿出去玩。"第二天上午一下课，龙龙就主动去帮师傅盛饭了。吃完饭，师傅说："龙龙，你今天很好地完成了任务，你去玩吧！"师傅这么一说，龙龙反而不好意思走了，一直坚持到最后。第三天，龙龙的工作状态更好了。于是，我又找到龙龙，还没等我开口，龙龙就说："老师，我知道您要说什么，我错了。如果大家都打闹，分饭的事情就没法完成了。"从此以后，龙龙不光自己打饭时遵守秩序，还会劝阻打闹的同学。

在这件事中，龙龙不仅在教育其他淘气的学生，同时他也在进行自我教育。他通过体验懂得了自己的问题在哪里，也懂得了如何帮助其他同学不犯这个错误。这种惩罚是以学生可以接受的方式进行的。

我相信，绝大多数老师也希望做一个有爱的老师，但为什么我们花了很多心思去爱学生，有时候学生却不理解，甚至连家长也误会我们呢？

爱要以学生能够感受到的方式表达出来

我在工作中得到的另一个启示是：爱要以学生能够感受到的方式表达出来。

以前，我对学生一直比较严格，因为我认为，既然爱他们，就必须对他们严格要求。后来我发现，有一些学生因此疏远了我。一开始我觉得学生不懂事，自己还有点儿委屈，但认真反思后我认识到，也许是我爱的方式不对。

我们班有个学生叫小唐。他上课时爱捣乱，下课后经常和同学发生冲突，经常被科任老师告状；还有一些家长找到我，希望我能把小唐的座位安排得离自己家孩子远一点儿。小唐是学生公认的淘气包，也是家长眼中"会带坏自己孩子"的人。

屡教不改的小唐几乎每天都生活在我的唠叨中。不知从什么时候起，我发现小唐没事的时候不再找我聊天了，画出了满意的作品也不和我分享了。我想，一定是经常性的批评伤害了我们之间的感情。我得让小唐明白，其实，我在心里是爱他的。

我开始尝试多主动找他聊天，经常请他做我的小助手。当他和同学发生冲突时，我处理时决不带着情绪和偏见，甚至有意多给他一些包容。在全班同学面前，我也尽量多表扬他，帮他树立威信。

有一次，小杜说小唐拿了他的铅笔袋，小唐说他是在地上捡的，正要还给小杜，两个人争论不休，最终找到了我。因为小唐之前藏过好几次别人的东西，所以班里的学生大多都认定这次肯定又是小唐拿的。小唐认真地跟我说："文静老师，这次真是我捡的。"说实话，我的第一反应并不是坚定地相信他，但我心里明白，现在他需要我。所以，我告诉其他学生，我相信小唐，也希望大家不要冤枉他，帮小唐解了围。我想，只有当小唐发现我会和他站在一个立场上，我相信他的时候，他才能感受到我的爱。

我还经常跟他的家长沟通，哪怕他只是有点滴进步，我也会及时告诉家长。小唐有时候会有一些很可爱的小举动，我就拍下来和他的家长一起分享。其实，在面对那些"事儿多"、喜欢帮孩子找理由的家长时，我们要让家长感受到我们对学生的爱。

另外，我还有意识地帮他在班级其他家长心里留下好印象。有一次，上语文课时讲"灯"这个字，我问学生这个字为什么是火字旁，大多数学生马上回答："这是因为古代没有电。"这时小唐说："'爱惜飞蛾纱罩灯'，从这句诗中就能看出古代是用火来照明。"其他同学听后都对小唐刮目相看。我特意把这件事发到班级群中。

慢慢地，小唐和我的关系又变得亲密起来。有一天，小唐的姥姥跟我说，在一次聊天中，小唐姥姥问小唐："你觉得哪个老师最喜欢你？"小唐说："当然是我们的文静老师啦！"

听了这句话，我非常开心。我知道小唐已经感受到了我对他的爱，付出再多辛苦都值得。

学校教育不是万能的，原生家庭、社会环境都会带给学生一些我们很难改变的影响，但我希望自己能够尽力而为，至少让学生懂得我的苦心。

爱要以学生能够感受到的方式表达出来。其实，一次拥抱、一个抚摸、一个眼神，都可以传达我们的爱。我们的爱只有被学生感受到，被学生认可，才有意义。

教育不能没有爱，但爱不等于教育。教育需要爱，但教育更需要智慧。愿我们的教育中不光有爱，还闪耀着智慧的光芒。

班级管理的三个妙招

周敬一

工作20多年来，经常有毕业生在教师节这天回到母校来看望我，或从世界各地打来电话问候和祝福。

但每次接到电话，我既感到幸福，又有一丝丝心酸。心酸的原因是从前在带一个班时，我培养了一些认真、负责的小干部，他们帮助我把班级管理得很好，对学困生小军的管理就更加认真、负责。每次小干部反馈小军在学校的问题后，小军的妈妈都会对他进行粗暴的教育，第二天小军就有可能带着伤来学校上课。那个时候我非常关心他，经常对他进行思想教育，教育他不能说谎话，更不能打架。我还跟他说，只要做到了，他妈妈就不会粗暴对待他了。其实，这样的教育方式并没有真正走进小军的内心，也没有起到多少作用。现在反思：当时为什么没有告诉小干部们不要每天和小军的妈妈反馈小军的情况呢？为什么没有分析产生问题的具体原因呢？

这样失败的班级工作经历，至今都时刻让我警醒，教育孩子一定要从他们的内心和家庭情况出发。我也在不断反思中改变了自己的育人观念，我深刻地认识到，在育人过程中应时刻注意尊重每个孩子的个性，创造适合每个孩子发展的教育，让每个孩子都能自信地生活在集体中。

建立帮助每个孩子实现自我认同的班级机制

打破旧机制，创造适合的岗位

我研究每个孩子，努力找到打开他们内心的钥匙。我努力让每个孩子都认识到自己重要，可以自信地在这个班级里生活和学习。于是，我改变了以前的班级机制，试着创造适合每个孩子的岗位。每个孩子都希望自己成为一个被重用的人。所以，我建立起一种荣誉机制，让一年级的小豆包从此感受到："我们不一样，我们都很棒！"

因人设岗，用岗育人

我再也不用以前那种管理孩子的方法带班级了，而是设置了不同的班级服务岗位。我根据课程情况和班级实际设立了30多个岗位。我遵循因人设岗、用岗育人的原则，为孩子们设置了各种各样的服务岗位。比如，设置的第一类岗位，是为了让孩子们发挥长处；第二类岗位，是为了弥补孩子们的不足；第三类岗位，是为了培养孩子们的自信心。一些孩子对班级工作有一些胆怯，认为自己什么都做不好，缺少自信心。这个时候我会通过写推荐信的方式鼓励他们找到适合自己的岗位，为班级服务。

不拒绝学生

小康是一个既聪明又调皮的小姑娘。学校和班级的机会她没有争取到，这次她也没有选择岗位。我问她为什么，她说："我不行，我淘气。"听到这样的回答，我说："老师觉得你非常有爱心，你可不可以做咱们班小鱼的'妈妈'呢？""我愿意呀！"看着她的表情，我感受到她非常乐意做这件事。结果此后，她每天坚持早早地来到学校，给小鱼加水、喂食。在工作过程中，她仔细观察每条小鱼的外形和身体变化。这既培养了她的劳动能力，还培养了她的观察能力。我趁热打铁，奖励她一次在午间玩乐高玩具的机会。慢慢地，她有了责任感，上课时变得比以前专心了。因为下课时要照顾小鱼,所以她再也没有出现追跑打闹的现象和欺负同学的问题。她时时关注鱼缸里的小鱼,履行一个"妈妈"的责任。这个小小的岗位,让小康找回了自信,并在工作过程中体会到了荣耀感。

我相信,只要把岗位设立好,就一定能促进每个孩子多方面能力的提升。在这一过程中,每个孩子都能发挥自己的优势,扭转自己的劣势。在这种班级机制下,我们班再也没有出现"小官迷",再也没有出现班干部居高临下、对别人颐指气使的现象。孩子们努力发挥自己的潜能,为班级服务。

多方位、全面助力

通过与学生沟通、与家长面谈等,我了解到一些学生的不良习惯与他们的幼儿园生活、家长的教育方法、小时候的成长经历有关。孩子身上的问题都有这样或那样的原因。为了更好地走进孩子的内心,我开始建立每个孩子的"立体信息网"。孩子的"立体信息网"可以帮助我发现问题的根源,然后我可以对症下药,引导孩子成长。

追根溯源,正向输入,建立友好关系

小树在幼儿园时不受老师关注,是由隔辈的老人带大的,父母因工作原因不在身边,这些原因造成她性格孤僻。我了解到这些情况后,开始有意进行合理引导。小树每天都独来独往,从不大声与同学交流,更别提主动举手回答问题了。针对这种情况,我并不要求她必须回答问题,而是在同学回答问题后,真诚地表扬她听得认真,是个会倾听的好孩子,并建议其他同学向她学习,做文明的倾听者。在我不断的鼓励下,现在她已经愿意主动举手回答问题了,并在班里交了几个好朋友。虽然目前她回答问题、交流时声音还不够洪亮,举手的次数也不够多,但已经有了很大进步。我还鼓励她争取在期末阶段在课堂上积极、大声回答每一

科老师提出的问题。她的妈妈看到她的明显变化后，专门打电话对我表示肯定和赞赏。孩子的妈妈激动地告诉我，孩子上了几年幼儿园一个朋友也没有，在新的班级刚刚待了两个月就交到了好朋友，还走到台上展示自己，她简直不敢相信。我的尊重保护了小树脆弱的自尊心，让她慢慢打开自己，与别人主动交流，并开心地把自己的想法分享给别人。

总之，每接一个新班，我都会用不同的方式了解学生的各种信息，并利用这些信息努力帮助学生，想方设法使他们成长为自信、阳光、乐观的小学生。我努力从不同的角度发现孩子，用不同的方式唤醒孩子，搭建不同的平台帮助孩子。

抓住时机，引领家长成长

我翻开班级学生的联系人名单，发现很多家长都是博士、硕士。这些家长知识水平高，对自己的要求高，对孩子的期望更高，同时也认为自己掌握了一些教育方法。相应地，他们对老师的要求也高了，他们甚至想指导老师的教育教学工作。但他们很多是第一次做家长，他们的教育方法只是纸上谈兵。

每次与家长沟通，我都会抓住时机，引领家长成长。我会多读一些教育类图书，用专业知识引领家长成长。谈孩子情况前我会认真备课，让家长感受到我是站在家长和孩子的角度来与他们沟通的。

有一天，我收到一条微信，一位工程师爸爸告诉我说，他的孩子午间享受奖励的时间和别的同学不一样，问我可不可以找个机会给他补上。刚看到这条信息时我有些生气，觉得自己好心设计奖励项目还要被他质问。冷静下来后我开始反思：这个问题到底出在什么地方？经过思考，我发现是自己做得不够好。我没有向大家公布奖励的时间，没有将奖励的想法向家长公示，因此才会出现爸爸为儿子要奖励时间的现象。为此，我做出了调整，将奖励项目和时间在班级中提前公布。此后，这位爸爸就再也没有对我们班级的奖励提出质疑。

榜样可以带动家长为班级服务

我们要做一个积极树立榜样的老师。我会请家庭教育做得好的家长进行分享。比如，我曾请张同学的妈妈分享如何培养孩子的阅读能力，这受到全年级家长的好评。我还会有意识地在朋友圈发育子小案例，大力宣传支持班级课程的家长。比如，一位妈妈帮助级部邀请电视节目主持人周末来学校为家长进行培训。再比如，班级利用周末走进后勤保障装备馆参观也是因为得到一位妈妈的支持。还有家长根据课程需要捐赠课程资源，根据课程需要布置教室。这些榜样可以带动更多家长为班级服务。

总之，在班级管理过程中我们要鼓励学生相互合作，而不是过分竞争；要尊重和接受学生的差异，并以个性化的教育应对，而不是通过筛选塑造同质化的学生群体。我们应在尊重的氛围中爱每个孩子，努力促使学生在宽松的选择中学会对自己的选择负责。

不断代入，点点改变

陈亚晓

作为思想品德老师，我时常想传达给学生很多道理和方法，但又常常感受到来自他们的阻力。我曾经苦恼过，抱怨过：明明是为他们的成长和发展考虑，为什么他们不听？然而，一次改变学生对时间规划态度的尝试让我意识到，打破固有的预想和设计，直面他们的实际生活和问题，我们将会迎来学生的改变。

在选课走班制度下，刚升入初中的七年级学生面临自主时间增多、课业负担加重的新情况。同时，随着自我意识的觉醒、支配个人生活意愿的增强，如何规划时间的问题摆在了他们面前。七年级思想品德课特别整合出"新的起点，规划先行"一节，希望能帮助学生建立时间管理的观念，学会管理时间的方法。

由回忆到代入学生角色

我最初的教学设计思路是：通过游戏让学生感受可支配时间的使用情况，进而反思是否对时间进行了良好的安排和利用，使他们发现不同规划所带来的差距，从而意识到管理时间的重要性。

但在第一节课上，我发现这个设计存在问题。学生的自主时间有时会被考试、年级活动等占去，因此，课堂上很多学生都发出了"我的自主时间都被占去了"的声音。我从问题出发，精心设计了教学，为什么学生毫不领情，不愿正视自己正在浪费时间的事实？

我心中充满了挫败感，此时我突然想起了自己第一次被要求做规划时的情景。那是高二的寒假，因为高考压力，假期被压缩得很短，偏偏班主任又要求我们写每日规划并评价。当时，我非常烦躁和抵触：我们明明已被"压榨"得很惨了，老师为什么还要用这种方式监控我们的时间，限制我们的自由？这段回忆让我开始重新审视自己的课。让学生去算自己的自主时间，告诉他们如何利用好每一段时间，让学生明白好好利用时间的重要性，在多数学生看来，这是老师对其自由的剥夺。

再次代入，寻找榜样

怎样才是培养时间管理意识的正确方式？此前的课堂设计有问题意识，有游戏体验，看似饱满，但把学生视为"预设的集体"，同化他们的生活，埋没个体间的差异，讨论的内容又不为学生所喜。把自己代入后，我意识到，时间管理意识不能强行给予，我应想办法开启学生的自我管理意识，使他们自然生发出管理时间、利用时间的渴望。

"十一"长假归来后，我一上课就提出一个问题："你是如何利用这七天长假的？"我把学生的回答写在黑板上，直观呈现他们假期的度过方式。

4 天写作业 +1 天看电影 +2 天探亲

3 天写作业 +1 天课外班 +3 天玩

2 天游玩 +2 天作业 +3 天探亲

3 天作业 +3 天出去玩 +1 天看电影

近七天玩电脑 + 作业（未完成）

不同的时间分配方式造就了不同的假期。有些学生明确任务、集中精力、一鼓作气完成了作业；而有的学生拖拖拉拉，使自己一直都被作业困在家里。之后我又提问："你做了哪些耗费时间、现在回想起来却没有多大意义的事？"听到这句话，教室里像炸开了锅，"刷微博""看视频""打游戏"……说完，大家总结出这些事情的共同特征：能带来暂时的快感，耗时，又容易刹不住车。我从每个人都在乎的假期入手，找到"痛点"，学生也就意识到：时间花在哪里是看得出来的，应该对时间有所规划。

如何让学生主动反思自己的时间利用情况呢？考虑到同辈是对该年龄段孩子影响最显著的群体，我借助了学生中的优秀榜样——曾在网上大热的清华大学的马冬晗和北京市十一学校的一名高一学生刘同学。

我把马冬晗的每周学习计划表分发到各小组，让学生探讨关于此计划表的问题和对它的感受。学生首先提出的问题是"每周密密麻麻地写规划表，太浪费时间"。我没有直接回答，而是抛出一个问题："如果不列好计划，会出现什么后果？"学生讨论后发现，花时间规划其实会大大减少因为未安排好事情而被浪费掉的时间。认识到规划的强大力量后，很多学生对规划的必要性就更加认同了。

继续代入，让学生自己去发现

认识到时间管理的重要性只是开端，学会做规划并落实规划才是目的。刘同学的"小学段"规划表为学生提供了极佳的学习素材。手拿学长的规划表，学生兴致盎然地开始了"抽丝剥茧"。大家的讨论甚至具体到了刘同学为什么在午饭前安排小说摘抄。有人猜想说，因为他喜欢阅读；有学生说，因为他想提高写作水平。有一个心细的女生注意到了时间段，站起来说："因为这个时间他很饿了。"大家都笑了。我问："你们不是这样吗？"第四节课后，很多学生都是又饿又累，无心学习。刘同学聪明地选择了相对来说不那么费脑子,但却可以加深阅读印象、增加写作积累的活动——抄自己喜欢的书。(见下表)就这样,通过剖析、追问和总结,学生自己整理出一些时间管理的技巧以及做规划的方法。

北京市十一学校刘同学第一周"小学段"规划表

时间	周一	周二	周三	周四	周五
7:10~8:00	读、背语文课文	读、背语文课文	读、背语文课文	读、背语文课文	读、背语文课文
8:00~9:00	文言文阅读翻译一篇	文言文阅读翻译一篇	文言文阅读翻译一篇	文言文阅读翻译一篇	文言文阅读翻译一篇
9:00~10:00	做物理"匀速运动"习题	整理无机化学笔记	数学"集合与函数"知识梳理	做英语阅读分册练习,查词	做英语阅读分册练习,查词
10:00~10:30	游荡校园	跑步,准备下一节大课	跑步,准备下一节大课	跑步,准备下一节大课	跑步,准备下一节大课
10:30~11:30	语文作文	物理练习	数学Ⅱ"集合与函数"查漏补缺	做英语阅读分册练习,查词	做英语阅读分册练习,查词
11:30~12:25	To Kill a Mockingbird 摘抄	《莫泊桑小说》摘抄	To Kill a Mockingbird 摘抄	《莫泊桑小说》摘抄	To Kill a Mockingbird 摘抄

于是,做周末规划就成了学生的一次练手机会。很多学生做出的周末规划让我感到惊喜,也有学生表示愿意改进自己的周末度过方式。

习惯的养成是个"慢活儿",要让学生真正学会利用好时间,要付出的努力还有很多。消除学生对做规划的抵触情绪,让学生切实体会到规划的力量和好处是起点。对自己学生时代的回想,让我放弃说教,以学生的视角去反思课堂,想方设法去打动学生。这使我的心和学生贴得更近,让我对课程和学生有了更强的探索欲望。

重新思考"问题"学生

岳巍巍

十一学校一分校刚成立时，班额过大，引入新的课程体系后，为了共享丰富的教育资源，学校便将原来的五个班拆分成了六个班。学校和家长协商后，决定采用现场抽签的方式决定第六个班的学生名单。年级里有几个"赫赫有名"的、让老师感到头疼的学生，老师和家长都非常紧张，生怕这几个学生被抽到同一个班级里。世界真奇妙，结果这几个学生最后在六班"会师"。

六班成立不到一年半，我成了该班第三位班主任。当时是三年级，而我工作不到一年，没有班主任工作经验。说实话，我心里非常抓狂，特别害怕看孩子们的眼睛，怕被孩子们看到我心里的不自信。但通过跟他们的接触和交流，我渐渐发现，我害怕的对象竟然是这样天真、朴实和善良。于是，我开始鼓起勇气走进他们的世界，探索他们，了解他们。

几个月后，我跟孩子们建立起了良好的师生关系。我很快爱上了班里的每个孩子，爱上了孩子们简单的世界、真诚的想法和认真。然而，看到他们身上存在这样或那样影响他们健康成长的问题时，我就特别着急，想马上帮他们改正。班里也确实有那么几个所谓的"问题"学生，时不时跳出来闹腾一番，让我心惊胆战。为此，我们共同做了很多努力和尝试。

我将自己与孩子们之间发生的这些事情写成小故事，这些小故事中的小主人公集合了我们班部分孩子的一些特点。

首先是一言不合就想"跳楼"的小A。他有些自卑,平时喜欢与同学争论,遇到问题甚至想拿"跳楼"来威胁。他喜欢看各种各样的书。课堂上他比较愿意接话茬,课下不愿意主动完成作业,成绩不理想。他有些敏感,怕被大家看不起。

第二位同学是时不时不想来上学的小B。他有一点儿胖,又有一点儿自卑,还有点儿懒散。虽然爱参与各项活动,但几乎都是半途而废;整天喊头晕,想回家。因此,同学们不太信任他,也不想让他参加小组活动。久而久之,他觉得没意思,就破罐子破摔,什么活动也不参与,只想在家里待着,不来上学。他的爱好是电脑编程。他在课上比较沉默,在课下也不怎么活跃,成绩不好。

第三位同学是"不捣乱不成活"的小C。他有些骄横,容易发怒。他做什么事都跟着心情走,心情好时就各种捣乱,逗老师和同学;心情不好就找同学打架。他最喜欢做的事情就是玩乐高,还有拿着他妈妈的手机在网店上看乐高玩具。在课堂上,有时认真有时就各种小动作,但因为课下他妈妈抓学习抓得比较紧,因此他的学习成绩还不错。同学们大都有被他"欺负"的经历,都比较怕他。

在我做班主任的前半年,我基本上就是按照下面的认知模型来分析我故事里的小主人公的。

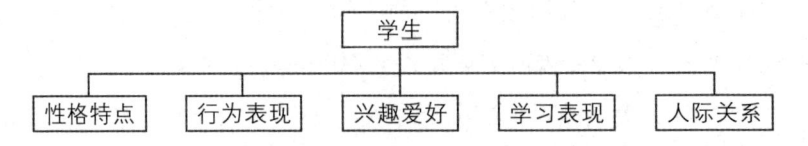

```
                    学生
    ┌───────┬───────┼───────┬───────┐
 性格特点  行为表现  兴趣爱好  学习表现  人际关系
```

我会抓住他们身上某一方面的缺点或者优点,不断地跟他们说,希望能够促使他们一下子就觉醒并且改正。但我发现,这几乎没有什么作用,反而让他们越来越排斥跟我沟通。有一位老教师提醒我说,这只是单方面的说教,孩子听多了也就习以为常了。单方面说教不管用,怎么做才管用呢?

有一天,我翻看《好妈妈胜过好老师》这本书时,认识到原来孩子是家庭的一面镜子,是父母的一个缩影。原生家庭对孩子的成长至关重要。脱离对孩子影响最大的因素——家庭环境，单方面从孩子身上找突破口，是很难解决问题的。于是，我决定进一步完善我对孩子的认知模型，把我忽略的"家庭环境"放在模型中。我从现象入手，尝试挖掘出背后的家庭原因——从家庭方面找到切入点，和家长共同努力，优化孩子成长的环境；尝试通过优化外部环境唤醒孩子的上进心。

于是，我分析了一下小A的家庭环境，发现确实有一些因素对孩子的成长是有影响的。比如，小A的妈妈很强势，爸爸相对弱势；妈妈对孩子有很高的期待；父母常因为教育孩子的方式、方法不同而吵架，家里缺乏和谐的环境。经过分析，我理解了小A为什么会有那种想"跳楼"的想法了。于是，我给小A的妈妈推荐了一些有关"强势妈妈"的文章，让她认识到自己观念上的偏差对孩子的影响。然后，我再与她慢慢沟通。我曾经至少有5次认真倾听过她的主张和想法，试图从中找到问题的症结。然后，我会与她认真沟通一些她认为正确的观点。我希望让孩子妈妈知道，她认为正确的事情未必就一定是正确的。那究竟怎样做才是正确的呢？我给她推荐了一些书。比如，《孩子，把你的手给我》《好妈妈胜过好老师》《如何说孩子才会听 怎么听孩子才肯说》等。我希望孩子的妈妈借此可以学到一些好的观念和方法，尝试宽容孩子，也对自己宽容。

小B从小跟着姥姥姥爷长大，娇生惯养；爸爸妈妈对他没有什么要求，特别溺爱他，他说什么就是什么。妈妈对孩子什么办法都没有，言听计从；爸爸多少还能起一些作用。于是，我就找到孩子的爸爸进行沟通。首先，我请他正视孩子现在的问题，并认识到教育孩子要有原则。然后，我跟他定好孩子成长的阶段性目标，请他定期与我见面交流。坚持了一段时间后，家长和孩子配合得越来越好，我们都期待着孩子能有更大的进步。

小C是家里的第二个孩子，全家都非常关注他。小C的爸爸妈妈年龄偏大，与孩子沟通的方法不恰当，面对是非时缺乏底线，总是想帮孩子揽责任。于是，我跟小C的爸爸妈妈沟通，并达成共识：家长放手，让孩子主动承担责任；给孩子施加一点儿压力，不能听之任之。我向小

C 的家长推荐学校组织的家庭教育大讲堂，让家长跟着专家多学习一些与孩子沟通的方法。

经过努力与尝试，小 C 的问题虽然还没有完全解决，但已经有明显进步。让我高兴的是，家长也在慢慢改变。为了孩子，他们愿意努力去尝试。

之后，我总结出了跟学生的家庭形成教育合力的方法。

分析学生家庭因素时，第一步，要识别家庭情况，了解家庭中对孩子成长造成干扰的因素：是爸爸妈妈离异？是爸爸妈妈强势？还是爷爷奶奶抚养过于溺爱？ 第二步，基于孩子的成长，与学生的家庭建立信任关系。第三步，找到问题的症结。第四步，对症下药。我正在按照这个流程，慢慢了解班里的其他孩子。希望在遇到问题时，自己不是急于说教，而是从孩子的角度考虑，并找到应对方法。

作为班主任，我们把很多时间和精力都放在了孩子身上，想通过说教的方式，使他们主动改变。其实，家庭教育对孩子的影响更大。当孩子的家庭环境发生改变时，他也会随之改变。当家庭环境变得越来越适合他的时候，他的内动力就会越来越强。

我们应立体、多元地了解一个学生，不仅要了解他的性格特点、行为表现、学习表现、兴趣爱好和人际关系，还要了解他的家庭环境。只有这样，我们才能更好地帮助孩子成长。

犯错误、出问题是每个孩子成长过程中的权利。我们的责任就是不断帮助他们更好地认识自己，发现自己，健康成长。

经过一年多的努力，这几个活泼好动、容易出状况的孩子，已成功融入集体，并能主动承担责任了。班级里的其他学生也越来越好。尽管现在还有一些小问题和小状况，但我并不会像刚开始那样抓狂和不自信了，因为我已经知道，教育和成长往往伴随问题而发生。我愿意做陪伴孩子成长的呵护者。

雷夫老师在《第 56 号教室的奇迹：让孩子变成爱学习的天使》中提到了学生成长的"六个阶段"，每个孩子可能处在不同阶段。有的学生比较乖，他可能是不想惹麻烦；有的学生表现得特别好，他可能是想取悦老师或是家长；有的学生表现得特别积极，他可能是想得到某种奖励。当然，最理想的状态是学生可以达到第六阶段："我有自己的行为准则并奉行不悖。"无论孩子处在哪一个阶段，我现在都既不着急也不紧张。因为我知道，他们终有一天会成为有自己的原则并奉行不悖的人，只不过是快慢的问题。所以，很多时候，教育是一种等待。

让每个孩子的成长各具丰姿

赵颖　田艺伟

在北京市十一学校一分校，每个孩子都呈现出不一样的成长样态，小至一年级的幼童，大至九年级的少年，所有孩子均快乐、和谐地生活在一起。他们在课堂上富有学习激情，思维活跃，脑洞大开；在操场上热情奔放，驰骋嬉闹；在实践活动中乐于研究，勇于探索。这里的教育饱含对个体的信赖和尊重，鼓励学生个性张扬和思想独立，给学生充分选择的自由，帮助他们体验学习的快乐和创造的幸福，逐渐使成长变成学生自己的事。

在学生从6岁到15岁这9年的时间里，我们要通过九年一贯课程体系的建构与育人模式的创新来服务每个生命的成长。

课程是学校最重要的产品，学校提供什么样的课程决定了学校能培养出什么样的人。经过四年探索，我校围绕"志远意诚，智圆行方"的培养目标，聚焦"有规则，有修养，有意志，有诚信，有智识，有主张，有理想，有担当"八大素养，构建了"龙娃"课程体系。"龙娃"是十一学校一分校的吉祥物。这套课程体系包括多样化、可选择的课程自助餐，全方位满足学生的个性发展需求。

这套课程具有四个特点：一贯性、选择性、综合性和实践性。

一贯设计的课程让不同年龄的孩子成为彼此的成长动力

所谓一贯性，不仅指学制的一贯，更重要的是培养目标的一贯和课程的一贯。我们围绕国家提出的"立德树人"的根本任务，对核心素养做出学校层面的解读，结合学生成长实际，有计划、有梯度、有层次地设计各年级学生成长的目标和课程载体。下表是学校"志远"课程中"有担当"方面的成长目标和课程设计。

"志远"课程中"有担当"方面的成长目标和课程设计

领域	素养	年级	成长目标	课程载体
志远	有担当	一年级	1. 自己穿衣，洗漱，整理书包。 2. 为集体做力所能及的事，学会简单劳动技能，承担班级服务职责。 3. 勇于承认错误，敢于承担责任。	1. 结合"道歉日"制作道歉卡，学会表达歉意。 2. 结合学校体育季主题课程，举办具有挑战性的学部活动。
		二年级	1. 能自己穿衣，系鞋带，洗衣。 2. 爱惜学习用品。节约，不浪费。 3. 主动帮助有困难的人，对他人的请求给予力所能及的帮助。	1. 评比"卫生小标兵"。 2. 寻找"'光盘'小标兵"。 3. "我有一双会发现的眼睛"为班级做一件好事活动。
		三年级	1. 记住父母的生日，能分担家务。 2. 为自己、他人、集体做事，负责认真。 3. 勇于承认错误，知错就改。 4. 懂得感恩老师和同学。	1. 做一件令父母高兴的事。祝贺父母生日，注意父母的感受。 2. 申请管理岗位，认真完成工作。 3. 利用校园节日，感恩师长。
		四年级	1. 勇于承认错误，不推诿。 2. 自己的事情自己做，保持环境清洁。 3. 自己的事情自己做，认真做事不敷衍。 4. 懂得感恩，并能帮助有困难的同学。	1. 开展劳动技能比赛。 2. 建立常规评价表，每周公示。 3. 利用"教师节道歉日"，感恩师长，反思自己。
		五年级	1. 答应别人的事要做到，为自己说过的话负责，犯了错误勇于承认。 2. 主动关心他人，有团队合作意识。 3. 孝敬父母，听从父母的教导。 4. 认真完成分配给自己的劳动任务。	1. 自己养一种动物或植物。 2. 学做几样拿手菜。 3. 在游学活动中相互关心。 4. 九月感恩日活动。

（续表）

领域	素养	年级	成长目标	课程载体
志远	有担当	六年级	1. 犯了错误敢于承认并及时改正。 2. 认真对待值日等工作，尽职尽责。 3. 了解自己的家庭经济条件，不提让父母为难的要求。生活自理。 4. 节约水、电、煤气和纸张等资源。	1. 利用学校"道歉日"活动，反思并真诚向被自己伤害过的人道歉。 2. 主动向家长介绍学习、生活情况。 3. 每天固定做一件家务活。 4. 外出活动时，能做到生活自理。
		七年级	1. 感谢父母的养育之恩，与父母交流。 2. 爱护学习环境，有环保意识。 3. 将梦想落实在具体的规划上。 4. 主动为团队服务，有失误勇于承担。	1. 书写、交流感恩感想，画感恩树。 2. 开展环保系列活动。 3. 开展"梦想倒计时"活动。 4. 开展"为伙伴做一件温暖的事"活动。
		八年级	1. 珍爱生命，关爱他人。 2. 常怀感恩之心，热爱生活。 3. 对集体负责，乐于奉献。 4. 对社会负责，辨清是非。积极参加公益活动，承担社会责任。	1. 开设"美丽的青春"课程。 2. 承担学校、家庭的服务工作。 3. 利用假期进行社会实践活动。 4. 学习危险时刻的生存技能和生存方式。
		九年级	1. 为父母分忧解难，为集体多做贡献，有服务意识，敢于承担责任。 2. 每天认真落实规划表中的任务。 3. 有感恩之心，具有感恩之行，积极参加公益活动。	1. 开展"我为自己的行为买单"活动。 2. 谦让低年级同学。 3. 做最好的自己，多帮助老师分担任务，多去尝试做校园志愿者。

比如，在同伴关系方面，我们根据九年一贯制学校中低年级学生与高年级学生年龄差异大，需要彼此了解、彼此尊重、彼此关爱的特点，从2016年起将每年年末的校园狂欢节升级为同伴关系日。

在2016年年末的一次公共新闻事件中，校园欺凌问题成为社会讨论的焦点。我校"龙娃"成长课程抓住这一契机，变不利为有利，化堵塞为疏导，利用九年一贯制学校学生年龄相差大的优势，搭建平台，创造机会让低年级学生和高年级学生走到一起，用实践的方式传递宽容、友爱、互助、理解、成长的理念。通过课程设计，我们让一名低年级学生、一名中年级学生和一名高年级学生随机组成"梦想合伙人"团队。团队成员在共同的课程目标指引下，通过发挥各自的优势，齐心协力，共同挑战由"龙娃"成长课程生发出的各项任务。当"梦想合伙人"团队完成挑战最终赢得奖励的时候，各个年龄段的孩子，通过彼此了解驱散了偏见，通过彼此尊重培育了友谊，通过彼此关爱收获了成长。

一贯性的课程设计让九年一贯制学校的优势得以彰显，融合不同年级文化的主题升旗仪式、九个年级学生共同参与的"校长有约"、超越年级界限的自主社团活动，让一至九年级的学生相互成为各自成长的资源。

可选择的实践课程帮助孩子挖掘自身的潜力

所谓选择性，是指尊重学生的个体差异、特长爱好和发展方向的不同，满足学生学业发展和技能成长的多元需求，支持学生按自己的特长做出发展规划，并据此提供丰富的、具有选择性的课程内容。

比如，"龙娃"成长课程下的"职业大观"主题课程。"职业大观"主题课程的目的是，通过实施该课程为学生的成长铺路，为学生的职业梦想奠基，为学生提升学习内动力、做人生规划做好准备。在这一课程中，我们从唤醒学生的潜能、引领未来职业方向出发，通过各种课程载体，启发、引导学生对自己的未来进行思考，初步学会进行生涯规划。

学生根据个人的兴趣，选择"名家大师进校园"、社会职业考察、名生讲堂等课程中的专题。很多学生是在选择过程中逐渐找到了自己稳定的兴趣爱好，把自己隐藏的潜能发掘了出来；也有的学生在选择过程中发现，原本以为自己喜欢的职业并不是自己的真爱。

除了"名家大师进校园"课程、社会职业考察课程外，一分校的学生在学校生活的各个方面都会面对这样那样的选择——如何选择自己心仪的学生社团，如何选择自己要承担的自主管理学院岗位，如何选择参与运动会课程，等等。在"龙娃"成长课程为孩子们提供的一次又一次的选择、尝试中，孩子们能逐渐明晰自己的发展方向，成为更优秀的自己。

综合设计的实践活动让生活成为最好的课堂

所谓综合性，是指将学生的校园生活全方位、立体化地纳入课程范畴。只有不断打破学科之间的壁垒，才能真正培养全面发展的、完整的、有生命的个体。学生在学习生活中，应该跨越学科界限，进行多学科融合，运用所学知识综合认识、分析和解决问题。所以，"龙娃"成长课程中的综合实践课程淡化了学业课程与德育课程的边界，用综合性的主题课程引领学生成长。

"龙娃"成长课程体系下的主题运动会课程由传统单一的体育盛会变成以专题为载体的多学科实践性课程，在增强学生体质的同时让学生拥有中国灵魂、世界眼光。"龙娃"成长课程将其中的运动会课程分为"历史长河""致敬经典""职业大观"等八大主题，每个主题的运动会课程都贯穿一个学期。

以"历史长河"主题运动会课程为例，在学期初，各学部根据年级课程需求在"汉唐盛世""工业革命""大航海时代"等主题中进行选择，有针对性地制定教育教学计划，让学科课程与课程主题相融合。学生在学习学科课程的同时也对主题课程展开综合学习、探究。通过主题探究活动，学生扩展了视野，学会了合作、包容，锻炼了意志品质。在主题运动会开幕式上，各个年级的学生都对自己的主题学习成果进行了展示，让传统的运动会开幕式成为智慧交流的平台，成为学生施展天赋的舞台。

这种淡化了边界的学习，能让学生在校园中的每一天都有所期待，有所收获。学生们在"海棠节"上收获爱的温暖，在道歉日中感受到理解与宽容，"龙娃"成长课程将生活变成了重要的学习资源和成长平台。

知行合一的实践课程让责任与担当成为可能

所谓实践性，是指通过多样化的课程载体，大力培育和践行社会主义核心价值观。这些活动让学生走出教室，走向更多能够让学习发生的场所；让学生走出书本，使经历和感受成为学生学习的有效途径。

十一学校一分校试图创造一所真正属于学生的学校，学校给他们搭建舞台，提供空间，创造条件。我们希望在所有教育教学，包括管理活动中，都能看到学生的影子，建立起学生为自己成长负责的教育机制。在每周一中午的"校长有约"课程中，会有九名学生与校长共进午餐，商讨学校发展事宜。通过"校长有约"这个平台，来自不同年级的学生围坐在同一张桌子旁，与校长近距离互动。

当学生开始关注并维护自己的权益，当学生会真正成为学生发声的平台，当"龙娃"志愿者们在校园内外积极实践志愿服务，用心服务的时候，"龙娃"成长课程的力量就开始慢慢显现，责任与担当就在这一次次实践中融入学生的灵魂。学生在实践中成为学校的主人，他们敢于表达，勤于实践，勇于创造。学生会用自己的想法改变今天的校园，明天才能成为改变世界的人。

在"龙娃"成长课程体系九年一贯的课程设计下，每个课程包裹的都是落实教育目标的礼物，让学生在欢乐中接受教育。在丰富而激动人心的活动中，学生锻炼了合作能力、组织能力和探索能力。我们努力让每个学生都拥有健康的身心、丰富的情感、活跃的思维、广博的智识，并能够认识到生命的可贵、生活的意义，敢于并乐于承担时代赋予的使命，做更好的自己，做有益于社会的人。

第二辑

九年一贯，让课程滋养生命

导言

作为教育者，我们既要抬头仰望星空，心怀教育理想，也要埋头钻研思考，实践教育之行。在教育这条路上，我们应不断求索，观其本末，探其始终，悟其规律，究其本质，溯其根源。

树之道在根，水之道在源。师之道在哪里？

教育的过程好似春播秋收的轮替，若我们能够

参透了学的次第，

琢磨出习的顺序，

精耕于课程的研究与设计，

致力于唤醒每一位生命个体，

便是把握了育人的精义。

这样，我们的孩子就是幸福的，他们将在学习里获得滋养，发展自己，展现生命力。

跳出"数学的盒子"

崔晨鹏

刚入职的那天,我怀着复杂的心情来到一年级的队伍中,成为一年级的一名包班老师。

第一次参加培训时,学部领导说:"我们现在进行的是跨学科主题课程,与传统的教学模式不一样。"这段话并没有引起我的共鸣,我也没理解什么是跨学科主题课程下的教学。我只能按记忆中一年级数学课的样子来上。第一节是认识图形的课。真别说,这节课上得特别顺利,孩子们很快就按照我的教学计划完成了学习,认识了几种平面图形的名称,还掌握了它们的基本特征。班级纪律不错,除了提问时几乎没孩子说话。我感觉孩子们都学懂了。下课了,我去问搭班老师我的课怎么样。本以为她会表扬我,可她对我说:"这堂课孩子们看上去很老实,我感觉有一部分孩子已经掌握了这部分知识,你在讲孩子们已经会了的东西。"我说:"是吗?你怎么知道孩子们都会了?"搭班老师说道:"因为我没有感受到孩子们更深层次的思维活动。要不你问问孩子们?"于是,我就找了几个孩子问,还真的是这样,他们表示这部分知识在幼儿园里就学过了。这样,我的课堂如果还停留在浅层次的知识传授层面显然就不合适了。怎样让孩子们在课堂中进行深层次的思维活动呢?该如何在课堂上激活孩子们的数学思维呢?搭班老师说:"你还是去别的数学课堂上亲眼看看吧!"

于是,我走进了晓蕾老师的班级,发现他们班的孩子正拿着酸奶管、纸和黏土在做着什么。我走过去问孩子们:"你们在做什么?""我们在给动物们搭房子呢!""哎,我的房子怎么这么容易塌啊?""是你没粘牢吧?不对,应该是底面图形的问题……"讨论声此起彼伏,孩子们在讨论中领会了知识,课堂气氛十分活跃。看到这样的场面,我想到,原来跨学科主题课程下的数学课堂可以是这样的,老师把抽象的数学变成形象、直观的数学。这样做在活跃课堂气氛的同时,还能让孩子动手做一做。这才是符合孩子特点的课堂呈现方式。

于是,我找来学具,赶紧回去备课。第二天一上课,我就让孩子们用小棍搭房子(立体图形)。孩子们特别高兴,因为他们可以给小动物造房子了。看着孩子们陶醉于自己手中的作品,我总觉得缺了点儿东西——孩子们整节课没有任何有关动物问题的讨论。这节课与我昨天看到的晓蕾老师的课堂不同,我的这节课看起来更像手工课。孩子们既没注意到三角形、四边形的稳定性差别,也没有质疑这些平面图形的名称,更没想到底面不稳定就多加一点儿纸和黏土……而晓蕾老师班上的学生则在给动物盖房子的过程中不断迸发出一系列与动物有关的问题。

我决定再一次进入晓蕾老师的班级。与昨天不同,今天晓蕾老师的班级正在研究蜜蜂与蜘蛛的家,学生们在讨论蜜蜂的蜂巢为什么是六边形的,蜘蛛网中心到底是什么图形。这节课不是数学课,而是科学课,但同样是以"动物的家"为主题。下一节语文课上他们将共读《地下100层的房子》,同样是以"动物的家"为主题。这时我才明白,原来"动物的家"不是单纯的一节课,而是跨学科主题下的学习。不管是给动物搭房子还是了解现实中动物的家,都是在主题下进行的。而我则是为了上数学课,单纯地给孩子们创设了一个假情境。这让我第一次感受到跨学科主题教学的魅力。

在我们年级例行的反思会上,老师们告诉我,在课堂上进行活动不仅仅是为了活跃课堂氛围,更重要的是要在课堂里将儿童的生活卷入,让孩子能在生活的氛围里无意识地体验学习,以培养孩子的数学眼光。我们不再是各自为政的数学老师、语文老师、音乐老师、美术老师、体育老师。我们是协同进取的团队，所有学科老师在一个主题下，以学生为课程中心，根据主题化、生活化、游戏化的原则，制定适合孩子进一步发展能力的课程。这将儿童的学习与生活无缝对接，有效地保护了学生的求知欲、好奇心、想象力和创造性，让知识的学习成为好玩的体验。

当时，老师们介绍了"动物的家"主题课程的框架。这一主题课程从动物的家这个点出发，所有活动都围绕主题开展，跨越学科界限，以系列化主题的方式引领儿童深刻体验。这样在实施有关动物的课程时，我们有一周时间让学习都围绕"动物的家"来发生（见下图）。

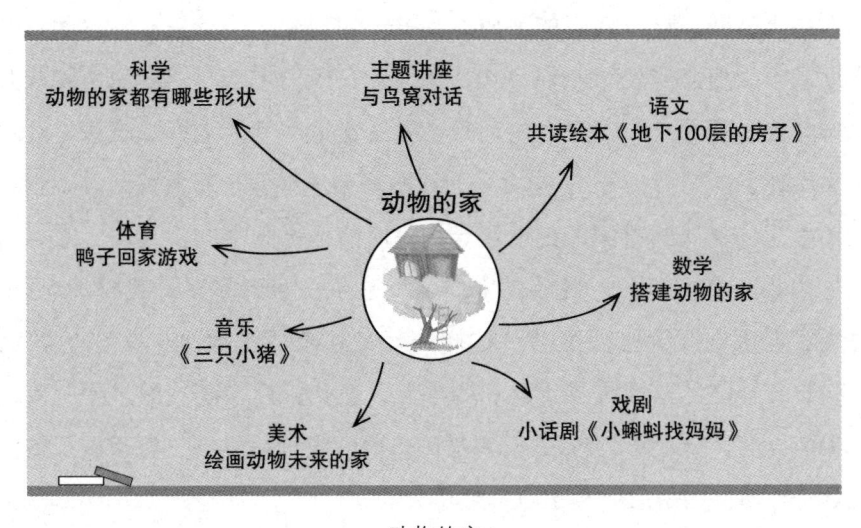

动物的家

在感受这种课程魅力的同时，我也感到开展这样的课程对我来说是有挑战性的。对这个年龄段的孩子来说，上数学课更多的是实实在在跟形象的、具体的事物打交道的过程，我们需要寻找大量看得见、摸得着的工具。怎么寻找这样的工具呢？我发现很多有经验的老师都在运用这样一个工具——绘本。绘本故事中有丰富的主题情景，在读绘本时孩子会以角色自居，把绘本与生活紧密联系在一起，仿佛他们自己在绘本故事里一样。绘本教学的优势很明显，但让我一个小伙子给孩子讲故事，有时候还需要加上肢体动作，我真是放不开。结果内心的不情愿直接反映到讲绘本故事的过程中，别说让孩子融入绘本情境中了，连故事孩子都不爱听。团队中的老师为了帮助我，让我真正放得开，每次和孩子们一起练习自编操或舞蹈时，他们都推着我站在前面跳。就这样，我也像孩子一样，慢慢学着释放自己。于是，我有了儿童的视角，有了儿童的情感、儿童的思维。我感到自己能真正蹲下来跟孩子们一起成长了。慢慢地，我可以把绘本故事讲得有声有色了，孩子们听得津津有味。

当时，印象很深的一节绘本课是，我们在大盗们的"黑暗银行"课堂里除恶扬善，一起学习了100以内数的加减法，但课后我发现：学习过的加减法知识需要一个落实的过程。绘本里没有训练，怎么办？老教师有经验，我没谱，我真的不放心：孩子们到底学会了没有？学到什么程度了？如何既能让孩子们喜欢，又能让孩子们掌握、落实基本知识和基本技能？顶着一个个大大的问号，我又走进了其他老师的班级。这次我又发现了新宝贝——手指盒子。该游戏要求在盒子里放好纸环，根据纸环上写的算式的答案，把纸环套在相应的标有数字的手指上。做好后孩子们相互交换盒子，挑战对方的计算盒子。回到家里，我整理思路，对观察记录进行深化。我想："这样的落实方式是在通过游戏化的方式，为知识与技能的落实提供工具和脚手架，让孩子们在游戏的过程中落实知识与技能。"孩子制作自己感兴趣的东西，做好后发现，原来做好的像玩具一样的作品是与各科学习息息相关的。

日积月累，我们的跨学科主题学习资源日渐丰富，现在就连我们的班级布置都是课程资源的重要组成部分。

我们上课时需要练就一个本领，就是随时接招，时不时地拉上其他老师进行各式各样的讨论，经常自发地研究一些小课题，如果有成果就办一场讲座。我们实施跨学科主题课程，目的就是让孩子们成为一个真正的学习者。他们对所看到的、学到的东西随时都有质疑的精神，随时能够自己推动自己去探究。作为跨学科主题课程的老师，我们都在跳出我们原有的"数学的盒子"，与孩子们在课程中一起成长。

综合课程的精彩

姜维　田晓萌　刘婷婷

在课堂教学中，我们难免会遇到一些痛点，有时候，即便是一道小题，如果认真分析题目所反映出的问题，也会让我们大有收获。

与痛点相遇，寻找最优策略

比如，下面是我们学校的一道期末考试试题。

一瓶儿童止咳糖浆的规格及用法用量如下。这瓶止咳糖浆够一个8岁儿童服用5天吗？请说明理由。

> 【规格】每瓶200毫升
> 【用法用量】口服，每日3次。
> 7岁以上儿童：每次15～30毫升。
> 3～7岁儿童：每次5～10毫升。

很显然，这道题，孩子们只需要根据条件，利用简单的乘法知识就能解决。然而，这样一道看似没有多大难度的题目，学生的实际得分率却让人大跌眼镜，仅有50%！明明已经掌握了知识，孩子们却未能很好地应用。从书本知识到生活应用的链条出现了脱节，问题到底出在哪里呢？

传统的分科教学往往以本学科知识为本位，学生课堂学习的内容以及最终获得的评价都会局限于单独的学科。在这种模式下，无论学科知识的学习还是学习内容的评价，都难免呈现单一性的特点。学科间的联系本身就少，再加上平日里学生的学习又时常脱离生活实践，综合这些因素，我们就不难理解，孩子为什么在面对这样一道紧贴生活实际，综合了语文和数学知识的题目时，会显得手足无措了。从知识到运用的链条中，最薄弱的环节正是综合实践。

设立综合课程，尝试学科融合新模式

为了给孩子搭建平台，学校三至五年级的老师组成了综合课程研发团队，共同探索怎样合理吸纳和融合多学科知识，积极尝试分科教学与综合课程间的对接与同步。

在这里，我们具体介绍一下三年级"探秘自然"综合课程。这个大主题设有"走近昆虫""玩转石头""踏入森林"三大内容。每周，老师们采用以下方式展开教学。

比如，"踏入森林"第一周的课程是这样的：周一到周四进行分科学习。语文、数学以及其他学科的老师，围绕"森林"这一主题，开展本学科内相关内容的学习。周五，在综合课上，孩子们通过完成综合任务，将所学知识活学活用。（见下表）

"踏入森林"第一周课程

时间	学科	学习内容	学习目标	公共学科
周一	语文 数学	《美丽的小兴安岭》 "什么是面积"	语文： 积累描述森林的四字词语，用生动的语言描写森林的春夏秋冬。	戏剧：将课文《失踪的森林王国》改编成戏剧。
周二	语文 数学	《美丽的小兴安岭》 "面积单位"		
周三	语文 数学	《失踪的森林王国》 "长方形的面积"	数学： 掌握"面积"单元相关知识。	科学：学习植物的蒸腾作用。
周四	语文 数学	《失踪的森林王国》 练习		
周五	综合课程	估计树叶的面积， 小组汇报"最迷人的森林"	巩固规则图形面积的计算，并拓展到简单不规则图形面积的计算。 学会收集资料，提高语言表达能力。	

这种综合课的具体课堂形态如下。

以"走进昆虫"主题为例，老师设计了"寻找春天"单元。我们打破传统课堂形式，将周五的综合课搬进校外的公园。整堂课用任务单串联起来。任务单设置了三个部分。第一部分，画一画你看见过的昆虫，了解其身体结构。第二部分，你在公园中发现了哪些对称？关于对称，你有什么问题？第三部分，写出你眼中的春天。

在这节课中，语文方面，我们想让孩子们通过观察春天的景物，运用联想与想象的方法写出春天之美。这在单纯的语文课上是很难实现的。因此，我们把孩子们带到自然中。面对眼前触手可及的春天，孩子们的想象力被激活了。女孩儿朋乐说："今天的天气有点儿糟糕，沙尘暴爷爷好像发怒了！"这句话一出，周围的人就好像感受到了什么，昊天接过话头："你猜，它和太阳公公之间的战争，谁能取得最后的胜利？"一个平时不爱讲话，但想象力很好的女孩儿怡萱开口了："我觉得是太阳公公。"昊天问:"为什么呢?""因为太阳公公邀请了春风姐姐来帮他呀!"几个学生你一言我一语,创作了一部名为《太阳公公大战沙尘暴爷爷》的短篇小说。在和大自然的亲密接触中,孩子们富有想象力的语言自然流露出来。

那综合课上如何体现数学素养的培养呢?数学老师是让孩子们在公园中找一找有哪些对称。孩子们都热情高涨,有些孩子记着数学课上举过例子,便从建筑入手,他们发现了路灯、水井、三角指示牌等。还有孩子在草坪中发现了小蚂蚁,老师顺势问:"蚂蚁是对称的吗?"顺着这一问题,孩子们又联想到蜻蜓、蝴蝶、苍蝇、蚊子、蜘蛛等。正当我为孩子们找到了这么多对称感到高兴时,乐陶拿着一片树叶走了过来:"老师,我们的数学书中正好说过,树叶也是轴对称的,可对折后,我发现它不能完全重合啊。"我被这个问题惊到了:"这不正好就是我要教给孩子们的吗?没想到他们自己发现了这个问题。"于是,我顺水推舟,借题发挥,让孩子们感悟生活中的真实,进一步深化他们对书本的认识。孩子们敢于向书本发出质疑,这是至为宝贵的。学会质疑比懂得一个知识点更重要。如果没有这种开放式的课堂,孩子们往往就不会有这种认识。

"玩转石头"主题也同样精彩,内容包括让孩子们绘制石头作品,年级举办亲子垒石头比赛,还有让孩子们用不同品种的石头模拟风化现象。

我们不仅玩石头,画石头,研究石头,还玩穿越——"金字塔探秘"。恰逢"历史长河"运动会,教研组决定给孩子们呈现一次震撼心灵的金字塔大探秘。孩子们感兴趣极了,他们学习时间轴,在时间轴上寻找金字塔的建成时间。他们好奇在古代没有现代化机器,人们是怎么把一块块大石头垒成金字塔的。他们急切地想探究答案,于是,一系列奇思妙想就出来了,大家想到了滑轮、杠杆、盘山道等。有孩子进一步想到哪种方式更符合当时的情况这一问题,他们决定通过实验来验证。于是,他们迫不及待地利用身边的工具,模拟拉大石头的过程。在这个过程中,孩子们运用测量及拖、拉、拽等各种方法感受重量,建立"质量"概念。孩子们用刚刚学习的表示顺序关系的词语记录实验过程,还通过实验体会到了摩擦力的存在。这样一节课融合了多种学科知识，让孩子们在探索中收获很多。

对综合课的课堂，或许我们应该关注以下几点。首先，学习发生的场所是多样的。教室、学校其他空间以及各种公共资源，都可以成为课堂活动的载体。其次，学时是可变的。根据具体学习内容和进展情况，我们可以选择40分钟、60分钟或者连堂学习等形式，灵活推进。再次，让学习内容生活化。我们要努力打破学科壁垒与年级界限，着力建立书本与生活实际间的联系，在紧密联系生活的背景下，融合与重构各学科知识。最后，跨学科学习，模式多样。综合课既有以语文、数学知识作为主体，兼顾其他学科内容的"树干式"，也有各学科均衡融合，共同发力的"拼接式"。在这样的课程形式中，我们发现孩子们的变化是巨大的。

综合课程，见证学生成长

好课程的评价标准是什么？重要的一点，就是学生的成长。课堂上学生的成长真正体现了课程的价值。

怡萱是一个性格内向、做事拖拉、不善于和别人交流的姑娘。课堂上，她几乎不举手回答问题，若不幸被点到，也是低着头，慢吞吞地起身，用很小的声音发表观点。

在一次综合课上，我们用丙烯颜料绘制古埃及式文化衫。她画了一个古埃及的小女孩儿，头饰和项链精细，眉眼之间带着俏皮与可爱，画的好像就是她自己。在接下来的三节课上，她成了全班同学的焦点。同学们时不时路过她的桌旁，欣赏她的作品。受到别人的关注，她有点儿不好意思，但眼神中似乎出现了一点儿光芒。有时候，孩子的自信心，并不一定全部来自老师的肯定，也来自同伴的赞许。

在实施综合课程"走近昆虫"主题时，怡萱的纸黏土蝴蝶被拿到年级展示。在"历史长河"运动会中,她穿着自己绘制的服装登上舞台。小学段期间,在"走近昆虫"主题的年级汇报演出中,怡萱主动请缨,认真准备,顺利完成汇报,获得优秀汇报奖。如果说自信让怡萱敢于站上舞台,成为别人眼中的明星,那么接下来的改变则让怡萱找到了自己。

语文课上,她用四格漫画的方式给大家讲大禹治水的故事。每一幅漫画都值得我们仔细端详。

了解到她在美术方面的优势后,综合课程的老师将她推荐给了"艺术创想"社团。前些天,怡萱兴奋地告诉老师:"下次狂欢节,我要售卖我的纸黏土作品!"老师回答她:"那我要预订那个最漂亮的,行吗?""当然没问题啦!我送您一个吧!"一个内心充盈、丰富,充满想象力的女孩儿,因为综合课程而找到了属于自己的位置。

学习能力较弱,但科学知识丰富的睿玺,在综合课程上可以成为其他同学的科学小老师。活泼好动的诚昊,也能在自己喜欢的动手任务中,耐着性子把任务完成得有模有样。优秀的宇轩和君儒,在综合课程上成为团队的领导核心,带领本组同学完成探究任务。

学生喜欢上综合课程,我们也愿意教综合课程。综合课程让我们看到了不一样的孩子,也让他们找到了真实的自己。

课程与课堂的变化,赋予孩子们生长的力量。评价方式的转变,让我们能多元地评价孩子,更全面、客观地认识孩子。悦纳的氛围,让孩子们变得更加自然和自信。孩子们收获知识与快乐,离不开老师的辛勤付出。在日常教研活动中,老师穿梭于各个学科教室之间,不断实践,打磨课堂细节。周五课程结束后,老师会聚在一起,及时反思,并积极准备下周的课程。这样的课程,顺应了孩子的天性,扎根生活和实践,让学习真实发生。

项目式游学课程

章巍　徐妍　许楠

"读万卷书，不如行万里路。"据统计，在人们掌握的知识中，只有20%是在课堂上获得的，另外80%都收获在课堂外。增强整合性与实践性，是当代国际课程发展的重要趋势。"拘泥于教室，束缚于学科"是传统教学模式的两个重要弊端。

随着《北京市实施教育部〈义务教育课程设置实验方案〉的课程计划（修订）》（以下简称《课程计划》）的颁布与实施，以及中高考改革的不断深化，带孩子走出教室，走向更多能够让学习发生的场所的需求，变得越来越迫切。老师们已经认识到，要培养孩子的核心素养，仅仅靠在课堂上传授知识是远远不够的，还需要孩子去接触、感受和体验真实的场景和环境。虽然现在各种媒体技术日臻丰富，但动手实践和亲身经历永远是其他教学手段难以取代的。

只有不断打破学科壁垒，才能培养全面发展的、完整的、有生命力的个体。事实上，孩子通常是整体地认知周围世界的。在他们的学习、生活中，应该有跨越学科界限、多学科融合，运用所学知识综合认识、分析和解决问题的经历。这可使他们的学习淡化学科边界，指向真实生活。

北京市十一学校一分校开展了"以项目式学习促进游学课程开展"的活动。在游学过程中，学生经历项目式学习的整个过程，这使游学课程更好地落地。

下面是两个不同年级项目式游学的具体案例。

案例1 研究种子的奥秘

四年级学生在综合课程中研究种子的奥秘。经过课堂上一系列的学习后，学生对植物种子的相关知识已经有了一定的认识和了解。我们结合这一主题，选择与农业相关的游学地点，意在让学生进一步进行与植物种子相关的学习，近距离接触自然，通过实践加深对知识的理解。

游学前，我们请具有项目研究经验的老师为学生举行了一场有关如何进行项目式研究的讲座，从如何选题、如何研究、如何写报告等多个角度对学生进行培训。此后，老师给学生提供了游学选题量规。学生结合游学目的地的学习内容，确定选题，并使用量规在小组内自我修正题目。其中一个题目——"如何改良温室大棚才能使其更加适宜植物生长"是由小海豚班王殊涵小组提出的。从这个小组的研究过程中，我们可以大致了解一分校开展项目式游学的情况。

王殊涵小组的游学目的地是蔡家洼农业生态园。这里已建设完成19栋温室大棚，温室大棚里种植了许多热带水果。这无疑为学生进行改良温室大棚的研究提供了较好的实地学习场所。

游学前，小组成员根据分工安排，收集了大量有关国内外温室大棚的资料。比如，温室大棚的发明、现代温室大棚的优点和缺点、生态温室大棚的相关知识等。他们将温室大棚的优点和不足逐条梳理出来，这为后续有针对性地改良温室大棚提供了方向。

在蔡家洼农业生态园的游学中，这个小组的成员在参观温室大棚时发现了不少问题。比如，由于煤气改造导致暖气供应不足，许多热带植物因温度过低被冻死。由于造型问题，温室大棚没有合理利用太阳能。在采摘草莓的过程中，学生发现由于光照不均匀，一株草莓上的果实大小不一。学校此前开展过"探秘生命"综合课程，这使该小组成员了解到植物生长的基本要素，包括阳光、温度、空气、土壤和水分等。在对温室大棚工作人员的采访中，学生了解到植物生长需要充足的阳光、水分和温度，温度太高或太低对植物的生长都不利，蔬菜大棚的结构、造形特点，蔬菜种植要分区块，土壤酸碱度要适宜，植物也有天敌等知识。

温室大棚的改良设计需要考虑很多因素，该小组成员一开始想要面面俱到，结果造成设计构思十分复杂，成员无法达成一致意见。在请教了生物教师后，他们决定把如何更好地利用阳光，如何进行植物种植区块的合理划分，如何进行室内温度、湿度的调节和空气的自然循环流通，作为温室大棚改良设计的重点。

最终，小组提出了设计圆顶温室大棚的思路。将棚顶设计为圆顶，大棚就可以全方位接收阳光，早、中、晚都没有光线死角；同时兼顾室内温度的调节、空气的流通、湿度的保持和种植区块的划分。圆顶的大棚不仅可以最大限度地利用空间，还能让植物全方位、无死角地接收阳光。大棚顶部的换气装置可以让植物获得新鲜的空气并保持棚内空气自然流通。在大棚顶上还设计了停鸟架，可以防范鸟类啄破大棚进入棚内破坏。根据不同植物对生长条件的要求，划分出酸性土壤、碱性土壤和水生植物区，合理利用棚内空间，满足植物种植需求。为了调节土壤湿度，他们设计了中央水管控制器，借此可以实现适时浇水，为植物提供最佳生长环境。

案例2　周恩来邓颖超纪念馆

六年级学生学习过《一夜的工作》这篇课文，周总理为革命事业兢兢业业、鞠躬尽瘁的事迹，让学生十分敬佩。但他们对周总理的其他事迹了解得并不多，希望能更多地了解周恩来和邓颖超的事迹。因此，学生希望能以扩大周恩来邓颖超纪念馆的影响力为主题开展研究。

确定主题后，学生进行了任务分工，并确定了问卷调研的研究方法。在老师的指导下，组员设计了8个问题并制成问卷，发放给年级的学生和家长。问卷收齐后，负责问卷的同学将问卷分类，并对数据进行统一记录。学生在老师的指导下，根据不同的问题分析数据，得到不同的结论。

除了问卷调研法，学生还在现场对馆内的工作人员进行了访谈。从对工作人员的采访中，学生了解到，周恩来邓颖超纪念馆虽是爱国主义教育基地，但平时客流量较小，游客多为学生和老年人。因此，工作人员也希望能有更多的中青年人来参观、游览。同时，学生也带了一些纸质问卷，邀请馆内的游客作答。学生结合出发前查阅的资料、校内问卷、现场采访、数据分析等几个方面的研究，最终得出了结论，大部分人没去过纪念馆的原因是不了解，对周恩来和邓颖超的事迹了解过少，纪念馆宣传不到位，纪念馆旅游资源不足。

基于以上分析，结合自己的生活经验，学生给出了以下几个建议。1. 在纪念馆中设立剧场，演出话剧。选取与周恩来和邓颖超的经典事迹相关的剧本，让大家从话剧中了解他们。这可以让人产生深刻的感受。可以从社会上招募话剧演员志愿者，定期表演。2. 增加互动设备。为了能让游客在纪念馆内更好地互动，可以在馆内张贴二维码，进行扫码答题活动，并发送纪念品。3. 建立微信公众号。公众号的内容可以是：①在诞辰日与祭日发起悼念、献花活动。②定期推送周总理与邓颖超的事迹，将有关周恩来、邓颖超二人的经典故事放在公众号中。③定期推送场馆内更新的展览。4. 展示周恩来、邓颖超二人经典故事微场景，吸引中青年人前来参观。5. 开展"我是讲解员"活动，从社会上招募不同年龄段、不同职业的志愿者，向游客讲解场馆内容。6. 建议政府主动作为。主要有三条：①制作电视宣传片，投放到电视上，扩大群众通过电视渠道了解纪念馆的比例。②制作广告牌，投放到高速公路旁、车站等区域。③和教委联系，将学生到此参观学习，作为综合素质考评的一项内容。

项目式游学课程不同于一般意义上的春游和秋游。它引导学生带着问题、思考与挑战，走进博物馆、名人故居、旅游胜地和大自然。我们努力使每一条游学路线都成为"校门之外学习真正发生的地方"，使每个学生对知识都形成特有的经历、体验与感受。

开展 STEM 教育的实践与思考

邱泽民　孙闯

当今世界，全球化趋势深入发展，以智能化为标志的第四次工业革命方兴未艾，以人工智能、量子通信等为代表的高新技术正在重塑人类社会。按照以往的经验来看，每一次工业革命的兴起都伴随着社会对人才新的需求。具有创新能力、实践能力、应用多种知识解决复杂问题能力、收集和评估信息能力的新型人才将更适应未来社会。为适应时代发展需求，美国率先提出了 STEM 教育战略。STEM 一词是科学（Science）、技术（Technology）、工程（Engineering）、数学（Mathematics）各取首字母组合而成。该战略的提出最初是针对本科教育的，后来逐渐延伸到中小学教育中。

STEM 教育以跨学科为基础，以项目式学习作为开展形式，目的是培养学生的探究能力、创新意识、批判性思维、跨学科应用知识的能力及交流合作能力。和传统课程相比，STEM 将科学、技术、工程和数学融为一体，打破学科界限，有利于学生将零散的知识结构化，逐渐培养创造性解决问题的能力。

我校在 2015 年初成立 STEM 研究工作室，致力于 STEM 理念的研究和 STEM 教育的落地，目前已积累了一些实践经验。小学科学课是我校实施 STEM 教育的第一块阵地。最初我们借鉴国外一些较为成熟的 STEM 案例，后来团队独立梳理学生知识、能力发展的脉络，研发贴近我校学生生活、学习实际的学习项目，并向其他课程延伸。STEM 教育的重要开展方式是项目式学习。目前，我校已经研发了适合小学科学课堂的 10 多个主题项目。同时，我们在其他课堂上也积极推广STEM教学理念。

在项目设计上，我们注重与国家课程标准、课程内容衔接，并突出项目的真实性、综合性。真实性是指项目主题来源于生活、社会、学习中的实际问题，赋予学生真实的学习情境和意义；综合性是指项目需要学生充分调动多学科知识、多种能力才能够完成。在STEM模式下，学生是学习的主体，是项目完成的主体。学生以小组合作的方式，完成问题提出、资料搜索、方案讨论、报告撰写等完整的项目过程。老师在必要时进行引导，是学生学习的参与者，也是各种学习资源的提供者、支持者。在这样的学习模式下，学生提出问题，综合多种因素进行分析，综合多学科内容设计制作，其创新能力、表达能力等都能够得到锻炼。下面是五年级的一个STEM课程——太阳能热水器。

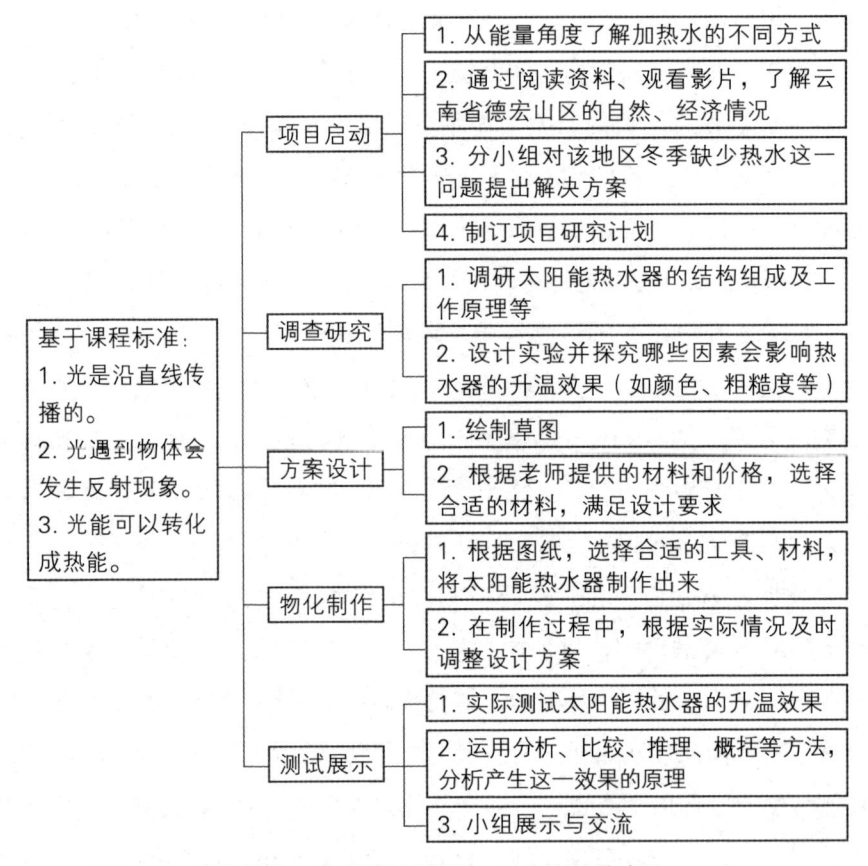

基于课程标准：
1. 光是沿直线传播的。
2. 光遇到物体会发生反射现象。
3. 光能可以转化成热能。

项目启动
1. 从能量角度了解加热水的不同方式
2. 通过阅读资料、观看影片，了解云南省德宏山区的自然、经济情况
3. 分小组对该地区冬季缺少热水这一问题提出解决方案
4. 制订项目研究计划

调查研究
1. 调研太阳能热水器的结构组成及工作原理等
2. 设计实验并探究哪些因素会影响热水器的升温效果（如颜色、粗糙度等）

方案设计
1. 绘制草图
2. 根据老师提供的材料和价格，选择合适的材料，满足设计要求

物化制作
1. 根据图纸，选择合适的工具、材料，将太阳能热水器制作出来
2. 在制作过程中，根据实际情况及时调整设计方案

测试展示
1. 实际测试太阳能热水器的升温效果
2. 运用分析、比较、推理、概括等方法，分析产生这一效果的原理
3. 小组展示与交流

五年级的一个STEM课程——太阳能热水器

该项目来源于一个真实的问题：云南省德宏山区冬季缺乏热水。如何解决呢？老师引导学生从生活经验中总结加热水的方式，由学生提出使用燃煤、使用电热水器、使用太阳能热水器等解决方案，并联系当地实际对这些方案进行优劣分析，得出最为合理的方案——使用太阳能热水器。这样的题目，有利于唤起学生对社会真实问题的关注，以培养其社会责任感；而方案的讨论则有利于学生综合多方面因素分析问题，而不是主观臆断。

在项目实施的其他环节，在覆盖国家课程内容的基础上，我们在课程中注意培养学生的资料搜索、科学表达、草图绘制、工程思维、数据记录与分析等能力，直指学生科学素养的养成，为学生的后续学习和发展奠定基础。

我校还积极探索STEM理念在其他课程中的落地。比如，我校在3—9年级开设了技术课程，包括3—5年级的"信息技术与人工智能"课程和6—9年级种类多样的模块课程。技术课程侧重学生信息化手段的学习、掌握，科学课程侧重学生探究能力、实验能力的提高。以"信息技术与人工智能"课程为例，我们选取贴近学生生活、学习的主题设计STEM学习项目，在潜移默化中培养学生的社会责任意识。比如，我们在设计四年级的项目时，就有意识地选择了"校园生活"这一主题。

以第三单元"校园运动会"为例，我们以项目式学习的方式梳理了学习流程。

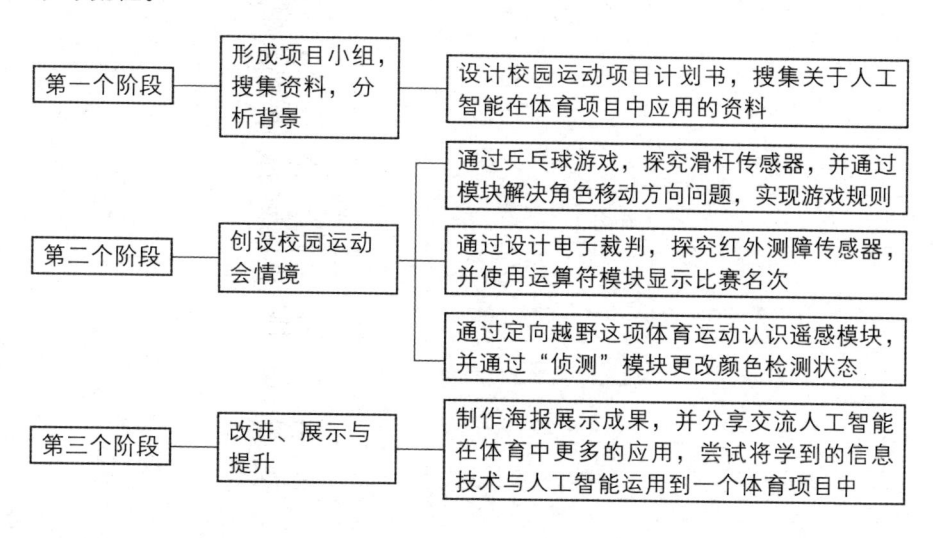

第一个阶段	形成项目小组，搜集资料，分析背景	设计校园运动项目计划书，搜集关于人工智能在体育项目中应用的资料
第二个阶段	创设校园运动会情境	通过乒乓球游戏，探究滑杆传感器，并通过模块解决角色移动方向问题，实现游戏规则
		通过设计电子裁判，探究红外测障传感器，并使用运算符模块显示比赛名次
		通过定向越野这项体育运动认识遥感模块，并通过"侦测"模块更改颜色检测状态
第三个阶段	改进、展示与提升	制作海报展示成果，并分享交流人工智能在体育中更多的应用，尝试将学到的信息技术与人工智能运用到一个体育项目中

经过不断探索与实践，我校初步形成了对STEM课程的构建，学生悄然发生了一些可喜的变化——求知欲、创新思维、科学表达能力、工程实践能力、技术应用素养都有提高，学生成为对各种现象充满好奇心和求知欲的探索者。

STEM教育的落地不可能一蹴而就，一个学习项目，往往需要经过不断的实践、打磨，才能够真正适合学生。另外，项目的设计应该符合学生的年龄特征，能够解决学生遇到的真实问题。

从艺术到"艺树"

张宏强

本文标题中的"艺术",指艺术课程、活动和作品等;"艺树",指学校的艺术氛围、学生的艺术素养,以及学生心中正在成长的艺术之树。

回顾自己课程研发的心路历程,感觉仿佛一切都发生在昨天。

2015年我有幸来到北京市十一学校一分校实习,走进校园的那一刻,我震惊了:学校丰富的课程堪比大学。

小学就有选课制!

问题和困惑也来了,作为一个新人,我还能研发出哪些新颖的课程呢?研发的艺术课,如果学生不买账,不去选,就要被取消,那岂不是就没有课可以上了?怎样才能研发出学生喜欢的艺术课呢?

研发课程的困惑

有一天,我遇到刘校长,对她说了我的困惑,校长告诉我:"课程的研发要从学生的兴趣入手,学生感兴趣,课程才能唤醒学生学习的内在动力。"

我对校长说:"我想开设尤克里里和iPad音乐两门特色课程。通过对学生的调查,我发现他们对这样的课程充满期待。尤克里里是我的专业。不过,iPad音乐目前属于音乐学科的空白,咱们学校没有人尝试过,没有经验可循。"

恰好当时山东师范大学组织了孔祥东老师的 iPad 音乐论坛和工作坊，在校长的引荐下，我进行了观摩和学习。我发现 iPad 音乐软件功能很多，能让学生轻松愉悦地学习音乐知识。在 iPad 上，人人都能成为"音乐家"。

于是，我便大胆研发了 iPad 音乐和尤克里里两门课程。被投放到选课平台后，它们很受学生欢迎。

为什么学生如此喜欢这两门课程呢？

因为这两门课程都有鲜明的特点。

尤克里里课的特点如下：

1. 门槛低，能短期速成。
2. 能激发和唤醒学生的音乐潜能。
3. 能提高学生的音乐表现力，使他们在音乐面前不犯怵，获得自信。
4. 能开发学生的音乐想象力和创造力。

iPad 音乐课的特点更明显：

1. 学生通过 iPad 的有关软件，可以轻松学习音乐知识。
2. 改变了传统乐器练习模式，音乐与科学技术的结合让学生感知音乐的途径更加多元化。
3. 以 iPad 音乐软件为教学工具，能激发学生的音乐潜能，培养学生的音乐核心素养。

基于标准的教学

研发这样全新的课程，仅仅是为了让学生感兴趣，为了成功开课吗？

我的追求是，在音乐课程标准的基础上，运用 iPad 和尤克里里呈现多元化的音乐教学，从而将学科素养转化为学生的素养。

下面，我以五年级的 iPad 创意音乐《阳光总在风雨后》一课为例，做简要的说明。为了落实课标中的"六会"——会视谱，会聆听，会歌唱，会演奏，会评论，会创作，我们是这么做的。

在教师讲解 GarageBand（库乐队）软件的音色、功能、演奏、配器法后，学生尝试演奏各个和弦。

教师引导学生掌握《阳光总在风雨后》乐谱中的旋律、节奏、速度、力度、和声等基本音乐要素。

在掌握 GarageBand 软件的操作、演奏方法和音乐要素后，学生尝试运用 GarageBand 软件将演奏和演唱配合起来，实现独立弹唱或小组合作弹唱。

学生学会使用 GarageBand 软件演奏和演唱歌曲《阳光总在风雨后》。

学生通过 GarageBand 软件，选择钢琴、吉他、贝斯和打击乐为歌曲配伴奏，自弹自唱。学生在音乐世界中实现了"我的音乐我做主"。

在教学过程中，我们还运用了国际音乐三大教学法中的奥尔夫乐器体验、柯尔文手势、达尔克罗兹体态律动，以及多种工具、策略、脚手架辅助教学，让学生通过本节音乐模块课程达到课标中"六会"的会聆听、会歌唱、会演奏目标。

从艺术到"艺树"的转化

在音乐课上，学生的兴趣被激发了，教学内容也完成了，但如何验证音乐学科核心素养的落实呢？又如何诊断学生的学业质量呢？

在尤克里里课堂上，我们通过对学生进行问卷调查的方式了解学生的兴趣点、课堂参与度、知识点掌握情况、哪种教学方式学生更加喜欢以及对课程的建议等，这可以让我的课程不断完善。

我们定期使用乐器演奏水平量规，让学生自我诊断目前的学业质量，判断自己目前所处的等级水平——新手、入门、进阶、高手、大师，分析自己的音乐维度。

例如，在开学初我对学生进行的乐器演奏水平量规分析的结果是新手22人、入门3人、进阶1人。一个学期后，学生的乐器演奏水平量规分析结果是入门2人、进阶19人、高手4人、大师1人。

量规让学生知道了自己的学业质量，自己存在的问题有哪些，接下来该往哪个方向努力。

学生可以将自己演奏和演唱的作品分享到老师建立的微信群中。对尤克里里或iPad音乐课程的学习，可以使学生对更多乐器产生兴趣。这也可以激发学生的音乐梦想，他们还可以通过自己的音乐表现，感染和带动身边的同学一起学习音乐。

通过对音乐模块的学习，学生不仅掌握了音乐知识和技能，还在更大的人生课堂上比如主题活动中、狂欢节上、校园中、生活中分享自己对音乐的理解。

我们艺术老师不再是关起门来教音乐，而是通过这样更为前沿的、更符合学生兴趣的艺术课程，点燃学生的音乐梦想，让学生在学习艺术的同时大胆地去发现艺术、创造艺术，在人生舞台上表达艺术、享受艺术。

我想，这样做可以让学生的艺术核心素养落地。

我想，这样做能让学生心中的艺术种子逐渐成长为参天的艺术之树。

教育戏剧让成长在学习中真实发生

蔡昱如 等

提到教育戏剧，很多人的脑海中闪现的也许是一个绚丽的舞台画面，画面中有专业的编导、演员、灯光、舞美、摄像等。其实，这里所说的教育戏剧并不是大家头脑中第一时间闪现出来的戏剧教育。

教育戏剧是借用戏剧的结构、方式和技巧来强化和服务教育教学的一种工具。

刚接触教育戏剧的时候，我们也以为它就是把戏剧的东西放进教学中。比如，排练课本剧，来个情景表演，调动一下孩子学习的积极性。但是，当我们真正走进它，深入地去了解它，在实践过程中，我们发现运用戏剧的方式来教学，目的不仅仅在于让孩子们喜闻乐见，更重要的是戏剧表演的过程。在这个过程中，孩子们会暴露他们真实的情感、态度和价值观。也正因为有了情感、态度、价值观的暴露，指导老师才可以更好地了解孩子的心理：他们喜欢什么，讨厌什么；他们认同什么，不认同什么。这样，老师就可以为孩子们的学进行教育教学设计。

学校一、二年级实施的跨学科主题课程，在抓住学科核心素养的同时，弱化学科界限，把多个学科卷入一个又一个主题课程中，遵循儿童认知、成长的规律架构课程，以主题化、生活化、游戏化的方式服务孩子们的成长。这种主题化、生活化、游戏化也恰恰是教育戏剧的特质和原则。有了这样的碰撞和思考，教育戏剧就正式成为我们学校课程实施的一种方式，一种教学工具。教育戏剧给我们的教学带来很多改变。

我们把教育戏剧与语文课堂相融合后，惊喜地发现，孩子们不仅能在教育戏剧跨学科主题课程中轻松快乐地学习，更重要的是，他们能很舒展地表露自己真实的情感。

对刚入学的一年级孩子而言，汉语拼音是学习的重点和难点。这样一种抽象的表音符号，孩子往往记不住。所以，在汉语拼音学习中，一些孩子会感到非常痛苦。

为了帮助孩子们攻克学习难点，我们引入了教育戏剧的主题情境学习。即提供一个主题学习情境，把教育戏剧元素与汉语拼音学习相融合。汉语拼音学习的主题是"拼音王国历险记"。拼音国有声母和韵母两座快乐幸福的城堡，孩子们化身为守护城堡的卫士。为了拯救被施咒的拼音国，小卫士们需要英勇地闯过三关。正式闯关前，孩子们戴上头饰，利用3—5天的课间时间，自我介绍，相互熟悉，做好闯关的准备工作。在经历第一关的"认识朋友"、第二关的"结交搭档"、第三关的"破译咒语"后，孩子们轻松快乐地完成了汉语拼音学习，收获了自信。

从时间上看，汉语拼音学习由原先至少需要3个月缩短为3周。从学习效果来看，绝大多数孩子连词成句不在话下，大部分孩子还能进行注音版图书的阅读。

不仅如此，孩子们还给大家带来了更多的惊喜。比如说，"勇气"。孩子们三周时间做了成人都做不到的事情——角色自居。比如说，"独立"。如果缺少独立精神，漫漫闯关路就只能止于第一关。还有"合作"。每一次闯关，都在孩子们你一言我一语的协商中开始，都在孩子们一次又一次尝试组合后实现。孩子们积淀了"勇气""独立""合作"，迎来了最后的"成功"。当闯关结束，拼音国美妙的音乐再次响起时，孩子们欢呼雀跃，相互拥抱。

教育戏剧主题情境教学，让老师更直接、更真实地看到了孩子们的喜好，让老师更深刻地了解了孩子们。当然，教育戏剧未必需要一个大背景做铺陈，未必有众多角色，甚至也不必有多少情节，有时仅仅只是孩子们一些肢体的参与。而这种肢体游戏，也是教育戏剧的一种表现形式。

　　以前，为了让孩子们把笔画、笔顺记牢，老师会让孩子们一遍又一遍地书写。但这种方法太单一，孩子们容易厌倦，所以老师就想试一些新方法。于是，老师们将教育戏剧中的肢体游戏引入教学中。

　　现在，每次写字，老师都会和孩子们一起玩游戏，在游戏中学习。比如说，在"肢体写字"的小游戏中，老师先给孩子们营造一个"生字国旅行记"的情境，然后宣布孩子们在旅行中的小任务——唤醒内心深处的生字小精灵，和他们交朋友。怎么唤醒呢？就是让孩子用身体去写字。这时候，老师会提要求。孩子们会按照要求用手写提手旁的字，用脚写足字旁的字，用头写"头"。在实践中，大家发现提要求有时会限制孩子们，因为课堂上有的小孩儿就问："能不能用小屁股写？"还有的小朋友把字写在了同伴的背上让同伴去猜。他们还会挑战用不同的身体部位写相同的字。孩子们就这样一遍遍地用肢体书写着，乐此不疲。

　　为此，老师都特别欣喜，因为孩子们以前从没有对写字课这么感兴趣过。带给老师欣喜的还远不止这些。通过这个游戏，大家还看到了孩子们学习生字的过程。首先，看到了他们对所写生字的理解。他们的理解决定了他们如何用肢体表达。其次，猜字的小朋友会从表演的小朋友身上受到启发，他会猜同伴对这个字的理解及表达。对他来说，同伴的理解会变为他的一种认知工具。最后，孩子们在书写的过程中产生了意义感。通过肢体表达，他们与汉字建立起了情感。在书写时，孩子们眼前的汉字符号已经和他们的肢体产生了关系，这个字就和他们平时用其他方法学到的字不一样了。

　　肢体游戏只是教育戏剧的一种表现形式，它不光可以用在写字这个板块中，也可以用在其他教学板块中。

　　教育戏剧还有另外一种表现形式，那就是即兴表演。

　　即兴表演是指没有写好剧本和台词，不经排练，直接向大家演出的一种戏剧表演方式。在学习春天主题中的"花儿红"模块时，我们引入了科学类绘本《世界上为什么要有花》和《一粒种子的旅行》。体现植物生长的历程，唤醒孩子们对生命的珍爱和悦纳是该模块的重要内容。此时，我们引入了教育戏剧中的即兴表演，让孩子们化身为一粒粒花种，跟随视频节奏，感受从破土而出到花朵绽放的生长历程。正是因为有了亲身体验，在老师问及即兴表演的感受时，孩子们才能争先恐后地表达内心情感。他们从感慨生命成长的缓慢、不易，谈到对生命的尊重与爱护。一个简单的即兴表演催生了孩子们对生命的讨论。短短的体验，让孩子加深了对周边弱小生命的同情。每一次的即兴表演、每一次的情感体验、每一次的感悟生成都将渐渐在孩子们心灵中埋下一颗爱的种子，对孩子们产生潜移默化的影响。即兴表演让孩子们在课程中自由地呼吸、成长，让成长真实地发生。

教育戏剧是不是只能在语文教学中应用呢？其实不然，在数学教学中也一样适用。老师们在数学教学中，对教育戏剧这种教学形式，做了以下尝试。

最常用的是将教育戏剧与绘本教学结合在一起。根据绘本提供的主题情境，运用教育戏剧即兴扮演的表现形式，结合数学知识，服务课堂。

举一个例子。绘本《春天的电话：认识数字》主要讲述的是小动物们互相打电话传达"春天来了"这一消息。

经过教育戏剧模式的加工，孩子们便可将其"演"出来。为落实数学"位置和顺序"这部分知识，孩子们是这样"表演"的：一个小朋友扮演小黑熊，九个小朋友面向小黑熊扮演电话键。小黑熊看到号码，利用"前后左右"这样的方位词进行提示拨号，被拨到的电话键拍手起立。

在表演过程中，小黑熊完全展示出他对"位置具有相对性"这一知识的理解，电话键们则展示着"位置和顺序"这部分内容的学习成果。是的，他们快乐地练习，巩固了知识。除此之外，这种带有戏剧味儿的数学教学还能为孩子们带来什么？

对打电话的孩子来说，为了能快速拨打号码，他们需要不断挑战自己的思维力及表达力。对扮演电话键的孩子而言，这更多的是考验他们的专注力和团队协作精神：队友反应慢了，不要急于催促；队友失误了，不要埋怨，而是相互交流，思维碰撞，达成共识。其他孩子呢，由于电话能否接通具有不确定性，他们便在不知不觉中成为认真负责的检查员，对所学知识再次巩固、运用。最后，经过大家的努力，当电话接通的那一刻，每个小朋友都开心得不得了，享受着成功带来的喜悦。以上这些都是有着戏剧味儿的数学课堂带给孩子们的。

当然，除了以绘本作为教育戏剧的载体，还有其他形式。比如，从生活中寻找灵感，师生共同开发数学道具——让数学道具与孩子合二为一，由孩子替道具来说话。

孩子们拿着"乘法手机"互相接打电话，乘法口诀的背诵便可被轻松攻克。

创作不同主题的个性棋盘，关卡设为加减乘除法，运算的练习就不再是一种负担。

让老师欣喜的是，课下孩子们会自己设计数学道具，而且在与伙伴"玩"的过程中，他们还不断反思、修正自己的规则。

教育戏剧不仅给了学生一个成长的舞台，也给了老师在教育教学上不断发展、不断进步、不断创新的空间。

我们在实践过程中不断总结经验，将教育戏剧中的元素逐步融入节日课程、海洋课程、科学课程中。

在这些实践中，我们不在乎专业欣赏，不为表演而表演。我们在乎的是什么呢？我们在乎的是每个学生的情感、态度和价值观，在乎的是他们所经历的学习过程和体验，在乎的是学生是否可以身心愉悦地进入学习的状态，让教育目标真正落地。

这就是我们让生命的成长在学习中真实发生的教育戏剧。

（本文为团队成果，团队成员有蔡昱如、赵婷、赵晓东、代素慧）

让孩子成为活的教科书

李岳

作为一名文科生,上科学课、做实验这些事已经远离我很多年了。新学期我要讲授一门自己很陌生的课程——科学课。虽然是二年级的科学课,但毕竟是理科,为此我整个暑假都在思考应该怎么上。

开学三周来,学生按照原定计划学习测量、画图,制作纸飞机模型、帆船模型,尝试翻译莫尔斯电码。就课堂表现来说,我们的科学课进行得很顺利。一问一答,学生可以按照教学设计的思路很好地完成教学目标。学生很积极,任务完成的质量也很高。每当我来到教室,学生都会迫不及待地问:"老师,我们什么时候做实验?"一次、两次、三次,很多次都是孩子们笑着跑过来问:"咱们什么时候做实验?"在我的搪塞下,孩子们低着头转身离去。看到他们落寞的身影,我想:"实验真的有那么重要吗?"我不能理解他们为何对实验如此着迷,同时我又担心学生的热情被我的无力招架消耗殆尽,害怕他们对科学课丧失兴趣。

扪心自问:实验去哪里了?

学期之初,我没有安排实验主要有以下原因。全科课程第一单元的主题内容并不适合做实验;在规则不清的情况下贸然做实验,容易发生危险,课堂秩序难以保证。从自身角度来说,带学生做实验不是我这个文科生喜欢的，更不是我擅长的。我在规避做实验时忽略了实验对科学课的重要性，怠慢了学生的需求。

迫于压力，初尝实验

自己的工作动力和成就源于学生对自己所教学科的喜欢和认可。如果由于自己担心课堂失控，而剥夺学生做实验的权利，使其失去对科学课的兴趣，是我无法接受的。面对学生的需求，我选择改变。我预估了可能导致混乱的各种原因，尽可能排除课堂失控因素，期望能够让学生有序、快乐地实验。即使课堂上出现混乱，我也应该能将其维持在可控范围内。最坏的情况也不过是教室里一片狼藉，学生吵闹。当然，我也想知道做实验能给学生带来怎样的提高和帮助。

课间，我戴着硕大的护目镜走进了教室，孩子们一下子就拥上来，有的用手捂着嘴控制着吃惊的表情，有的瞪大了眼睛，眼中充满好奇，有的指着我开心地大笑："哇，岳岳老师，你戴着游泳眼镜。""岳岳老师，今天我们终于要做实验了吗？"打了上课铃，我说："再不回去我们就没时间做实验了哦。"孩子们瞬间就跑回了座位，挺直了腰板坐好，相信此时的他们对这节课是充满期待的。

我们首先认识了护目镜，然后我拿出锥形瓶，让孩子们描述它的样子，结果他们给出的答案是像奶瓶，像花瓶。对这样的答案我一点儿都不意外，这才是他们眼中的世界，这才是出现在他们生活里的东西，而不是什么三角形、锥形。孩子们回答得很认真，注意力也格外集中，因为他们知道这关系到一会儿的实验。做实验时，学生很小心地向锥形瓶里倒水，他们瞪大了眼睛，惊叹道："哇，气球变大了！"他们还把耳朵凑上去，听一听瓶子里发出的声音；伸手摸一摸气球，感受气球在长大。他们不仅看，还亲耳听，亲手摸。此外，他们有了更为丰富的表达方式，不仅用图画和文字来记录实验过程，还拍摄视频做解说。学生的表达欲变得更强了，迫不及待地要和同伴交流。这样的课堂虽然有些吵闹，但学生说的每一句话，做的每一个动作，甚至每一个眼神都与实验有关。我收获了他们的热情，看到了他们的专注。看来我要重新定义"混乱"这个词了。

主动调整，完成目标

从这以后，学生做实验的热情变得更加高涨，我对做实验这件事也不再感到恐惧，并对自己提出了更高要求：科学实验不能止于好玩，我要设计适合学生的学习任务并达成教学目标。

所有进步都不是一蹴而就的，就在我觉得一切顺利的时候，孩子们给了我一个下马威。那节课的教学目标是：学生利用磁铁和棉线制作简易指南针，在多次实验中寻找规律，最终能够做到使用指南针辨别方向。在我用实物投影演示如何组装后，学生还是不会系扣，不能用细绳系住磁铁。组装不好，自然就不能完成接下来的任务，教学目标也就不能达成。学生迫不及待地跑过来向我求助，教室里一片混乱。三番五次的失败让孩子们感到无比沮丧，甚至想要放弃。

究竟是放弃这个实验，还是寻找改进的办法呢？无论是学生还是我，都需要从摔倒的地方爬起来。我开始回忆自己是怎么学会系扣子的，一幅画面浮现在脑海中：我用我四岁的手指，慢慢系；奶奶用她那有些黄浊的眼睛，静静看。奶奶不急，我便不慌。学生会感到这样的平静吗？我的急功近利是否会打乱学生的节奏？也许不是因为他们慢，而是因为我太心急。为了帮助我记住打结动作的顺序，当时奶奶还给我编了一个顺口溜。现在，我也应该为学生提供一些支持吧。

于是，我重新调整了教学目标，把学习系扣作为其中一项重要内容。我为学生录制了演示打结过程的小视频，学生可以依据自己的需求反复学习，根据自己的节奏完成内容。

我不再急着替孩子们完成任务，而是去安抚那些受挫的，帮他们找出问题，鼓励他们继续尝试。不是学生慢，是我没有尊重他们的步调；更不是学生笨，是我没有为他们提供足够的支持。我调整了做法后，学生的成功率大大提高。当所有学生好不容易把细线系到吸铁石上后，有些学生惊奇地发现同桌的吸铁石也是红色一端指向窗户，蓝色一端指向门。他们像发现新大陆似的把我叫过去。结果不一样的学生反驳道："不对，我的吸铁石的红色一端没指着窗户。"于是，很多同学一起帮他们分析原因，孩子们开始了新探索。学生学会了系扣，学会了使用指南针，本节课的教学目标也就基本完成了。应接受现实，尝试改进，为学生提供合适的目标。我想，只有付出耐心，站在学生的角度，才能为学生提供更好的支持。这样的课没有越俎代庖，没有揠苗助长，孩子们在宽松的氛围下自主生长。

顺应天性，共书成长

一段时间后，课间学生再也不围着我问什么时候做实验了，而是围着我说他们在实验中的新发现、新玩法。每当这个时候，我都觉得自己的改变得到了认可。

中午吃饭的时候，刘校长说："那天有个孩子着急忙慌地往教学楼里跑，我问他怎么了，他说他生病了上午没来，但是下午有科学课，他想来上。"听到这里，我半个学期里提着的心终于放下了。尽管我心中还很忐忑，尽管教学目标的设置还不够适合孩子们，但他们是喜欢科学课的。当我顺应孩子们的天性，认识到实验的重要性时，他们就有了探索的机会。当我履行教师职责，设置适宜的教学目标时，孩子们就有了迎接挑战的机会。

将预习进行到底

王璐

开学第一天，我布置了新一课的预习任务。

第二天上课时，在讲新课之前我对孩子们说："哪位同学能分享一下自己的预习情况呢？"我在班级里走了一圈，发现大多数孩子的预习情况都比较相似。我发现，他们不会做批注，朗读时没感情，不会查阅文章的相关资料。

预习真的这么难吗？

我不禁问自己："作为老师，我有没有给学生提供一定的预习指导呢？"

答案是："没有。"

我仅仅是为了能在课堂中省出读书和了解作者的时间，才让学生预习的，而他们并不知道如何开展有效且合理的预习。

对学习者而言，预习其实是在教学开始前进行自学以达到更好的学习效果。

对教育者而言，从学生的预习中可以发现问题，找到教学的新起点，进而调整教学方向。

基于这样的理解，我在学科教室中张贴了有关如何预习的海报。海报清晰地展示了详细的预习步骤。对一篇文章的要求——一读、二读、三读的方式给了孩子们一个预习的具体方式。

这下，我的要求清晰、明确且具体了，孩子们一定会准确地完成预习任务了吧?

第二天,我迫不及待地去查看。我巡视了孩子们预习作业的完成情况。

一读:标记了字音和个别字义。二读:对主要内容有了简单了解,但没有比较深入地理解作者的思路、文章的主要观点。对作者的查找虽然有了方向,但对作家背景介绍得很少,并且跟文章内容无有意义的联系。三读:表达作家的感情不到位,朗读时没有进入情境,没有流露真情实感。

我逐一纠正孩子们在预习中存在的问题,但效果不大。接下来几篇课文的预习情况也没有多大改变。

这样不成功的尝试促使我开始思考。为什么预习的效果没有大的改变?原因在于预习目标不明确。"一读、二读、三读"的预习方式与其说是预习步骤,不如说是预习流程。学生在预习中没有明确的学习目标,没有兴趣和思考。

我对学生的预习指导似乎也陷入"走流程"的误区。学生在预习时只是按部就班地做,没有明确的学习目标,这导致学生只是为了完成任务而预习。

针对预习中出现的困境,我认为解决的办法是,在预习前让学生明确目标以激发预习兴趣,并提供有效的预习方法。在给出学习目标的前提下,我从两方面着手。

一方面,从文章出发,朗读时要加批注。在批注中,重要的是质疑。学贵质疑,疑能促思。带着问题进入课堂,不仅能够激发学生的兴趣,更能促进学生自学能力的发展。所以,我对学生提出了提问要求。比如,对《叶圣陶》这篇文章,在我给出学习目标后,学生提出了五花八门的问题。对比学习目标后,我发现学生的质疑在向学习目标靠拢。

另一方面,对作者和文章背景的了解,需要借助图书和网络。查阅资料并不简单。为什么会出现资料查阅无效的现象呢?是因为学习目标不明确,学生查阅资料时没有方向和针对性。以《邓稼先》这篇文章为例，明确学习目标后我们就不难发现，对这篇文章而言，人物形象和人物的情感是十分重要的。

于是，我将预习思路整理成思维链。我利用思维导图帮助学生进行思维链的展开。课上，学生根据思维链初步绘制思维导图。他们可以用思维导图来展示知识链。思维导图要围绕文章内容进行。

大家你一言，我一语，一起梳理出思维导图的框架后，然后再查阅资料。第二天，孩子们带着各自的思维导图来到学校。这次的思维导图就比较清晰了。课堂上，学生对课文的理解要比之前好很多。这表明预习不是一个简单的作业，如果能教给学生一些方法，效果就会事半功倍。

有了明确的学习目标后，预习便可走上正轨。那么，如何将预习任务完成得更好呢？

为了让孩子更加有动力、有方向地进行预习，我们引入量规对预习任务进行评价。

量规可以让我们对某个阶段的学习有一个测量标准。有过几次预习任务展示，孩子们对预习任务有了一定认识后，他们开始"精益求精"。于是，师生对什么样的预习才是有效的进行了一次头脑风暴。

首先，对文章内容的了解是至关重要的。只有了解了文章内容，才能在"知人论世""写作背景"这一部分的预习中更加完整地呈现与文章相关的拓展资料。其次，查阅资料后对信息的收集、整理以及在课堂上的展示也很重要。在制作量规前，多数孩子追求查阅资料的数量，却没有意识到，在收集、整理信息后还应对有效信息进行转化。分享预习资料时能否将其绘声绘色地讲述出来也是评价标准之一。最后，老师对学生的审美创造也提出了要求。

量规虽然还不够完善，但在预习的过程中，可以帮助学生明确预习方向，并掌握一些预习方法。

我还给学生提供预习任务的自测单。这不仅让学生能够对预习任务的完成效果做一个检测，也是老师上课前评估学生学习起点的一个重要参考。

最初我布置预习作业时没有明确的目的，只是为了节约课堂时间，结果让学生摸不着头脑。此后，我进阶了预习步骤。虽然细化了预习作业，却让学生在预习的过程中按部就班，没有目标的指引。预习方法的出现，不仅在方式上有了详尽、具体的引领，更重要的是能让学生明白预习的目的，这样一来，他们开始有意识地向学习目标有序地用自学的方式进行预习。这些预习任务对应的评价也随之而来，这样的评价是更清晰地指向学习目标的。

学生完成了一系列预习任务后，一个新的学习起点就出现了。不再是零起点教学的老师，应当顺应新起点，不断调整教学方式。这样的预习任务，因为有了学习目标的指引，变得更加紧扣语文学科的核心素养，学生的自学能力也在预习任务中慢慢培养起来。之所以能实现转变，其实可能只是因为一个小小的工具，一套细化的方法，一个能激发学生兴趣的提问，或是师生共同研讨的评价方法。改变背后，是我们将学习目标根植在预习任务中的不懈努力。

这些努力的意义在于，学生不再是零起点进入课堂，教师也能够站在新起点回应学生的问题，高起点出发。

"连载"的自主学习任务单

杨清

近年来，我一直在课堂上尝试利用自主学习任务单锻炼孩子的学习能力。每节课的基本程序是，解读学习目标，提出学习任务，学生根据老师提供的材料和资料自主完成学习任务单，老师个别指导并总结。开始时这种方式对学生很有吸引力，促进了学生自主学习能力的发展。一段时间后，学生上课时却没了精神，拿到任务单也不愿动笔。为什么会出现这样的现象？

比如，下面是"泌尿系统"这节课的自主学习任务单：完成泌尿系统的概念图，认识泌尿系统的组成；观察肾脏和肾单位模型，认识肾脏和肾单位的组成；分析和肾脏有关的疾病的致病机理。任务单发下去后，学生明显不在状态，只是机械地完成任务。这说明这种任务单已经不能激发学生主动参与的兴趣了。

如何激发学生主动参与的兴趣？如果学习的内容是学生提出并渴望了解的，就能更好地激发学生的内动力，促使学生主动参与。

上面提及的自主学习任务单，虽然有实验、有问题，但都是根据教师的思路和想法牵着学生去学习、去思考。

其实，在上课前学生对泌尿系统有自己的前认识。比如，有学生会提出糖尿病、尿毒症的问题，有学生会提出透析等。这些都是学生感兴趣且期盼得到答案的。

针对这样的情况，我对这部分知识的任务单进行了调整：1. 为什么查验肾脏有问题需要进行尿液检查？2.糖尿病患者为什么不能过多摄入含糖食物？3.尿毒症是什么原因导致的？

这些任务是学生的疑问所在，也是他们感兴趣的地方，因此，他们兴致勃勃，积极思考，较好地完成了学习任务。

调整后的自主学习任务单从孩子的兴趣点和疑问出发，利用生活中的问题，激发了学生的内动力，同时也将知识应用于生活，使孩子真正参与到学习中。任务单的改变让我尝到了甜头，我想，以后的自主学习任务单是不是也可以通过寻找切入点进行改进呢？

在学习"被子植物"这部分内容时，我们组的老师积极献策，提出采用项目学习的方式。我们将学习内容与计划提前告知学生，针对每个种植阶段中常见的问题设计任务单；将二十四节气纳入，引导学生分析不同节气里植物的生长、变化及原因，联系生活植入科学概念；让孩子进行角色扮演进行学习，如作为农业技术指导员指导农民，或是作为小指导员指导低年级小朋友进行种植活动。经过多次研讨后，我们用"连载"的方式来设计自主学习任务单，形成了连续的学习任务。

"连载"的自主学习任务单以植物生长过程为主线，关注内容和知识的完整性。设计目的不再仅仅是为了获取知识，而是渗透了生物学科核心素养。"连载"的自主学习任务来源于生活，让孩子们尝试解决生活中的问题。

第一次

1.作为小指导员，你要去指导一、二年级的小朋友进行种植，你带去了多种种子，如何教他们辨识呢？

2.开始种植前，你会建议小朋友们做哪些准备呢？要有说服力并尽量简洁。

当学生看到自己要去指导低年级的小朋友时，都很积极、认真地准备。拿到实验材料，他们的问题也就出来了：玉米种子怎么一面有白色的结构，另一面却没有？剥开大豆种子后，看到的"小芽"，是不是长成幼苗的关键？……学生在不知不觉中开始主动学习。

这时，孩子自主学习的动力并不是外界施加的，而是源于自身。当他们对现实有探索的欲望时，就会有问题产生，教师可以借机推动他们进行自主探究。比如，推荐他们从高中、大学的课本中或图书馆里寻找答案。只有主动提问才会试图去理解，学习也才能真正开始。

然后，则是要求学生根据科学探究的基本步骤和要求，不停地交流—质疑—设计，再交流—再质疑—再设计。这个过程虽然比较艰难，耗时比较长，但可以让学生对探究实验的要求有明确理解。

通过这个过程我们不难发现，针对某一个知识学生总是有前概念的。这个前概念通常来自他们对现实生活的观察。这种观察有时可能是错误的，但这个过程引发了他们对错误的认识，促使他们对前概念进行反思。

第一次自主学习任务单的尝试是比较成功的。沿着这样的思路，我们又设计了后续的自主学习任务单。

第二次

通过你的指导，你所负责班级的小朋友都跃跃欲试，想参与种植，于是你买了一包大豆种子。为了不让小朋友们在种植时失望，你需要先确保这包种子的发芽率比较高，那么，该如何检测发芽率呢？

第三次

为了让小朋友们能观察大豆的生长过程，你用无土栽培的方法种植了一些大豆，你会带领小朋友观察什么呢？

大豆种子萌发了，有的小朋友喜欢摸刚萌发的毛茸茸的幼根，你会如何劝告他呢？

第四次

大豆越长越高，可是茎太细了，容易折断，这时，你会怎么做呢？

这样做的目的是什么？为什么要这样做？

在进行第二次自主学习任务单学习前，老师拿出一整盘子的种子让学生取样。这是他们没有想到的。怎么取样是关键。有的学生提出要将盘子里的种子分成两份，一份是完好无缺的，另一份是有破损的。有的学生则质疑：这样取样是否准确？当有学生提出挑选10粒饱满的种子作为样本时，又有学生立即反对，因为这不能反映这盘种子的真实情况。

虽然出现了争论，但这却是让人欣喜的现象，因为基于论据的反对意见是学习过程中不可缺少的部分。适度的争论是合作的一种形式。这也恰恰说明学生对所学的知识是感兴趣的。既然感兴趣，自主学习自然也就会产生。

经过几次尝试，"连载"的自主学习任务单还延伸到了课下，拓展性任务也让能力较强的学生有了更多挑战。学习的内容不再局限于课本，而是增加了深度和广度。学生在完成这些自主学习任务单时自发进行小组合作，在相互评价中找到新问题的视角。自主学习任务单完成后的交流、讨论，使他们学会了在团队中分享、交流。这样做的好处是毋庸置疑的，学习者在小组学习时取得的进步是很难在独自学习时获得的。说出自己的想法会让人对自己的想法产生新的认识；把这些想法写出来，会使它们变得更严密。

初中数学学习中的"贵宾"服务

王贺

我曾经有过这样一段教学经历。在八年级第二学期学完"四边形"这一章后,我按照教学计划进行了单元诊断,阅卷后我发现有几个问题是学生共性的问题。于是,我就录制了语音播报。就是通过录音软件将每个问题的解题思路录成语音形式,然后发到微信讨论组里,提醒学生在家改错时可以参考这些解题思路。

第二天上课,当我询问学生微信讨论组里的语音播报对他们改错有没有帮助时,只有20%的学生说在改错时听了微信群里的语音播报并且对自己有很大帮助,80%的学生则说没有听或者没有帮助。当我进一步询问原因时,有的学生反馈:"自己拿到试卷后就知道应该怎么改了。"有的学生说:"想通过自己的努力独立思考,不想看提示。"有的学生说:"听了语音提示但没听懂,个别题目还是不会改。"还有的学生则是忘了有这样的语音提示。

这件事对我触动很大,我当时想:"我用了很长时间录了这些语音提示,发到微信讨论组里,就是想让学生在第二天上课前能将大部分问题改对,以提高课堂效率,没想到学生并不买我的账。为什么会出现这种情况呢?为什么大部分孩子会选择不听讲解呢?"我一边苦恼着,一边想出现这种情况的原因。

这时候,我想起了周志英老师在教育年会中的发言——《学生学习路径新发现》。周老师说:"同一学生的不同学科会有不同的学习方法,同一学科的不同学生在面对同一个问题时会有不同的想法，同一学生的不同阶段会有不同的学习流程。每位学生的学习路径都是不一样的。我们应该针对不同学习风格的学生，匹配适切的学习资源。"

　　我意识到为什么80%的学生没有听我的语音提示了，因为我在录这些语音提示时只看见大部分学生在这张试卷中出现的问题与错误，而没有看见每一位学生的真实需求。每个孩子都有属于他们自己的思维特点和学习风格，我应该为他们匹配适切的学习资源。只有这样，学生才能有收获。

　　为了满足不同学生在学习中的真实需求，我开始在教学中尝试给学生提供"贵宾"服务。具体做法是：哪位学生在学习数学的过程中遇到问题需要我帮忙时，可以主动与我约时间让我面对面讲解问题，或者让我帮他提供微视频讲解或者语音播报等。

　　要想为学生提供有效的"贵宾"服务，我首先需要了解学生的真实需求。我采用问卷调查的方式了解学生的思维特点以及不同类型学生的学习风格——让学生真实地暴露在我面前，然后我再针对他们的学习风格为他们提供"贵宾"服务。

　　通过问卷调查，我发现不仅每个孩子的思维特点和学习风格不同，有的偏向于视觉型，有的偏向于听觉型，有的偏向于言语型；而且他们在数学学习中需要的帮助也各不相同，有的需要老师的帮助，有的需要同伴的帮助，有的喜欢自学，并不需要别人的帮助。

　　在弄清我所面对的学生的真实需求后，我开始尝试为他们订制"贵宾"服务，下面是几个具体的案例。

[玉儿]

　　玉儿是个非常认真、刻苦的女孩儿。本学期小学段期间我给学生布置了自学一元二次方程的任务，其中有一项内容是进行线上学习。小学段结束，我在查看线上学习中学生的自学情况时，发现玉儿所有习题都做了，但正确率并不高，只有38%。我从后台调出她的错题，将其归类，并根据她所写的答案分析错因，制定适合她的个别化学习内容。经过分析，我发现玉儿在解方程和列方程解应用题两方面错题比较多，于是我决定利用每天下午放学后的时间为她提供"贵宾"服务——从讲解解题方法开始，到进行有针对性的解题训练。

进行了几次个别化辅导后，玉儿基本弄清了一元二次方程基本题型的解题方法。我把她曾经的错题打印出来让她重新做，结果正确率提高到90%。在每周的测试中，她也取得了不错的成绩。

[雷仔]

雷仔是个风趣、幽默的男孩儿，学习比较努力，但由于数学Ⅲ的学习有一定难度，他的成绩不够稳定。

在对他的访谈中，我发现他很喜欢我录的微视频，而且自己在完成作业作品化的任务时，也在尝试录微视频，还跟我探讨用什么样的软件比较好。因为他很喜欢录制微视频，为了激发他的学习热情，我特聘他为数学Ⅱ的讲师。我选择一些他在学习中遇到的难点问题，比如"解含有字母系数的一元二次方程"，在他弄清方法后将其录成微视频，作为数学Ⅱ学生的学习资源。在和雷仔交流时，他谈到录微视频可以让他更深刻地理解题意，提高自己的语言表达能力。这样的形式对他很有帮助，如果有机会，他愿意为同学们提供讲解。

[文文]

文文是个外向的女孩儿，虽然基础比较扎实，但不够灵活，在"你是哪种类型的学习者"测试中，她是偏向于听觉型的学习者。这样的学生通常喜欢听别人说话，也喜欢谈论自己的想法，他们常常拥有较强的语言能力。因此，针对她的学习风格，我让文文担任小组讨论中的组长，每天组织大家在课堂上进行小组讨论。

在我和她的访谈中，她明确向我表示，她非常喜欢我的语音播报，因为听语音提示没有压力，很放松，有时候还没听完就有思路了。我和文文约定，她在家自学遇到问题时，可以用微信私信我，我会帮她讲解。

[怡儿]

怡儿是个偏文科的孩子，本学期期中诊断后我分析学生的数据时，发现她的四科总分在年级的B线，而数学却在C线。我觉得这个孩子如果数学成绩能再提高一些，总分是有希望进入年级A线的。这时候我发现怡儿在"从作业作品化走向作品产品化"的主题活动中画的是思维导图，恰好我打算成立一个数学绘本创作团队，因此我就让她负责"思维导图"部分的创作。

对怡儿来讲，梳理每一章的思维导图，既可以梳理所学的知识，又可以消除自己在数学学习中的阴影。这些天，她经常在放学后来到我的学科教室，让我帮她辅导数学。

在初步尝试"贵宾"服务后，孩子们尝到了享受服务的甜头，学习变得更加有信心了，我也很有成就感。于是，我开始为孩子订制高端"贵宾"服务，尝试解决一些数学中的难点问题，也就是为学生订制二次学习设计。

玉儿在初步享受贵宾服务后，不仅增强了学习数学的信心，而且我们变得更加亲密了，在家里学习时她经常通过微信问我问题。有一次，我布置了"对动点问题的一点思考"的学习任务，玉儿有些疑问，便在微信上问我。我建议她先看一下我录的微视频。没过多久，玉儿又跟我说看视频也没看懂。于是，我就让她把自己做的内容发给我。我看后针对她出现的错误再给她讲解，并给她讲动点问题的研究思路，结果玉儿很快就搞明白了。在第二天的课堂测试中，玉儿基本掌握了动点问题的研究思路。看到孩子拿到测验满分时的兴奋劲，我也感受到了作为教师的幸福。

雷仔在担任数学II讲师后对数学有了更大兴趣。在学完一元二次方程后，我又为他提供了"阅读专题"的学习资料，为他讲解方法。在雷仔身上我感受到了因材施教带来的成就感。

另外，在教育技术的助力下，我的课堂变得更便捷、高效、直观。

便捷。比如说，以前老师也做很多批改任务，但无法留下痕迹或建立错题集。现在有了技术助力，我不仅可以了解每个教学班的学习情况，每个学生的学习轨迹也留存下来，能为在教学中开展"贵宾"服务提供帮助，能为教学目标的"以终为始"提供支持。

高效。有了微课和语音播报后，很多东西老师就不用反复讲了。对学习中的难点问题，学生可以反复看或听，直到学懂为止。

直观。比如，数学学习中的动点、函数等问题，通过课件演示，学生一下就能看出来。这对学生直观想象能力的构建也有帮助。

教育者有两种能力是不可或缺的。第一，明辨每个学生所需要的不同训练的能力。只有具备这项能力，才能根据情况随时调整上课内容。第二，个人的教育力需达到一定标准，即无论遇到什么资质的学生，都有办法为他提供成长所需的条件。

给学生提供"贵宾"服务的过程，让我看见了真实的学生。"贵宾"服务要求我针对不同学生的学习路径调整自己的教学策略，最终把教师的教学设计变为学生的学习设计。只有这样，真实的学习才能更好、更快地发生。

切中痛点——戏剧课堂"连环计"

谢园

在戏剧课程教学中总是存在各种令教师头痛的问题，我们将这些问题称为痛点。痛点主要表现为学生不能打开自我进行表演，导致戏剧课的表现性、协作性目标难以实现，学生的艺术素养也难以获得提升。本文以初三音乐剧课程《三毛流浪记》的实施过程为例，对运用戏剧课堂"连环计"解决痛点问题进行思考与探索，以实现教学目标。

用好课堂热身环节，解放学生的天性

对戏剧（音乐剧）课程来讲，恰当的热身表演能够帮助学生打破彼此沟通、交往的障碍，打消学生青春期的羞涩感。在设计热身活动时，首先应考虑学生的年龄特点、认知水平以及男女生比例，寻找戏剧活动的切入点，以便让学生以放松的心态融入表演。其次，应鼓励学生尝试做即兴表演训练。我们可以从肢体动作入手帮助他们解放天性，在自我魅力练习中帮助他们增加自信，并通过一系列想象信念练习培养学生的信念感与想象力，在交流适应练习中让学生明确交流对表演创作及日常生活的意义。

巧用戏剧工具箱，深入理解课程内容

通过课堂热身环节中的一系列解放天性的练习，学生慢慢摆脱了青春期的敏感，能够打开自我进行表演了，但接受《三毛流浪记》剧本仍有一定困难。他们没有经历过那样的时代，主人公又苦又饿又胆怯，初中生理解和表演起来有困难。怎么能让学生理解剧本，理解并呈现角色呢？

首先，给学生提供戏剧工具箱。工具可以帮助他们理解剧本，理解人物，理解那个年代。工具箱中包含《三毛流浪记》这部音乐剧中学生可以借鉴的影像资料，剧本、原著、漫画，各类背景音乐，大量民国时期的图片等。其次，在使用工具箱时，学生需要按照使用规则完成所选工具规定的任务。比如，如果选择的是影像资料这类工具，那么就需要在观看完原版音乐剧后，站在专业演员的角度了解各个角色的人物感觉，从中选择自己最想表演的那个角色，并说明选择理由。在这个过程中，学生会深入地揣摩人物。这会调动他们的表演激情。工具箱也可以让学生进一步明确音乐剧排演的一般轮廓，帮助他们选择适合自己的职能组（导演组、编导组、演员组、音乐组等）。

做好情境替代，身临其境理解剧本背景

学生完成所选择工具下的任务后，虽然进一步理解了剧本，感受了角色，敢于表演了，但他们大多只在模仿视频中那些演员的表演，并不走心。接下来，我就用凄凉的音乐、灰暗的灯光、民国时期的道具等创造气氛，将学生带入情境中。在这种氛围的烘托下，他们慢慢开始产生灵感，投入角色。但剧本中比较难理解的几个人物，比如三毛、老赵、老钱，学生仍然体会不到角色的感觉。若直接磨剧本，会耗时太久，因为三个人物不在一幕中，但彼此又分别有对手戏。针对这个问题，我尝

试在热身表演环节中设计了一个情境短剧。这个情境短剧中的几个角色，是剧本中那些学生不容易理解的人物的缩影和"转移"。学生根据角色的特点进行表演，对人物进行"设身处境"的体验。

通过角色自居，深入角色内心世界

戏剧的技巧就是交流的技巧。为了让每位学生都能体会不同的角色，参与整个表演过程，我用一种"角色自居"的方式帮助他们。在表演活动中，他们所有人都可以体验不同的角色，可以是三毛也可以是老赵、小癞子、老钱等。他们彼此交流、沟通。刚开始时可能只是两个人（两个不同角色）在沟通，之后变为3个人（3个不同角色）、4个人（4个不同角色）在沟通、交流。当他们变得不那么拘谨，慢慢成为一群人在沟通时，他们便逐渐进入角色，慢慢找到了人物的感觉，开始享受表演过程。

从课堂热身开始，到利用戏剧工具箱理解剧本，再到情境替代感受身临其境，最后通过角色自居深入人物内心，这一系列策略形成"连环计"，打破了学生对剧本的割裂感和无法融入感，使学生全身心投入表演中。

学生在舞台上自如地表达角色时，我们所追求的艺术核心素养"审美感知，创意表达，文化理解"便悄然落地。

"评"定历史的天下

曲彦霞

北京市中考改革方案公布后,历史学科成为新中考考试学科,在变革中,机遇与挑战并存。主要挑战是评价方式的改变,变为以试卷定量考评为主。随之而来的是学科地位的提升,学生对历史学科开始重视。教改之初,我们希望用评价关注学生学习的每个环节。我们设计了相当系统的历史学科评级激励体系,针对学生课前、课上、课后活动进行评价。

效果喜忧参半。学生的积极性被充分调动起来,他们主动完成各项任务,但同时我们也看到了一些问题。一是学生过于关注评价的结果,不惜铤而走险。比如,抄袭以求获得良好评价结果。二是学生非常希望提升自己的成绩,但不清楚如何提高。三是有些学生往往会忽视学习质量的后续提升,一旦评价完成学习便终止。

我们努力在"评",天下依旧未定。于是我们反思两个问题:这片历史的天下,到底为谁评、为谁定?又是谁在努力、谁在评?

问题凸显,回到起点,我们的评价皆是老师根据学生的表现给出量化评价,而学习者未曾参与,我们姑且将其称为外部评价。这让我想到了黑箱理论。从学生的角度来看,评价过程是封闭的,只有结果是开放的。从老师的角度来看,学习过程也是封闭的,结果也是开放的。老师评价的依据只有学习的结果 —— 作业情况、检测质量等。过程的封闭导致学生对结果的过度重视和对过程的忽略。

这个时候,明智的做法就是打开评价和学习过程这个箱子,由此,历史的天下走进了师生共评的时代。

学生参与评价，首先必须明确学习要抵达的终点在哪里，也就是目标是什么。

第一步，我们需要做到目标共享，实现师生对目标认知的一致性。教师应根据教学目标制订出清晰、适切、可操作的学习目标并分享给学生。虽然我们强调"可操作性"，但学生的实际使用情况并不理想。正当我们觉得坚持不下去的时候，终于出现了令人欣慰的转变。学生完成作业即终止学习的情况有所改变，课后开始追求对问题的继续探索。

学习目标指明了学习最终要到达的地方，但只有目标是不够的。评价的盒子已经打开，就意味着学生需要明确评价的标准是什么。在这里，我们又遇到了另一个挑战：原有的评价标准，是否能够直接用于学生的过程性评价？我们希望是可以的。于是，我们制定并共享了第一版评价标准，采用原有标准，即用题目、测验进行评价。标准推出后最大的问题是学生无法根据答案给自己评分。这是为什么呢？因为历史学科具有特殊性。同一道历史题，有众多的答案，这些答案跟标准答案也许都不一致，但都可得分。历史题目的自测也是非常困难的。所以，这里便有两个障碍：一是学生根据得分标准无法判断自己的得分，二是学生根据得分无法知晓自己的目标达成与否。

于是，我们又开始了新的探索：什么样的标准能够评价过程呢？

这个时候，量规这一表现性评价的工具进入我们的视野。量规对学生在历史学习过程中应当有什么样的表现具备评估功能。于是，我们在量规理论支持下开始尝试制定历史学习过程的量规。

在研习了量规理论后，我们围绕学习目标制定了预习、课后、课堂任务的量规以及工具使用方法，并与学生共享。量规是否足以"评"天下？这是我们最关注的。以一道历史题为例。这道题考查的是学生对历史现象的归纳和列举能力，对应单元的学习内容是"辽、西夏与北宋的对峙"。这一涵盖了很多内容的历史现象，在以往教学中学生是很难全面掌握的。在进行这一目标的量规设计时，我们也颇感吃力，因为它涵盖了极多的史实、趋势及原因等要素,但又都停留在"知道""了解"的层级上。于是,我们最终挑选出古代史中几个类似的"现象型"目标,进行了专门设计。

最终呈现出来的表现性评估标准是对这一现象的具体表现和原因进行简要列举和归纳。自我评价目标要达成,就一定需要列举一定的民族对峙与交往的史实,而归纳原因一定会涉及民族交融的历史趋势。

具体到这道题,预估得分是3分,学生实际得分为3.4分,高于预估,这在一定程度上反映了量规支撑下自我评估在提升学习质量方面的效用。

我们引入量规的出发点是打开过程,共享评价标准,最后却发现,量规的作用不限于此。量规的使用大大提升了目标的可操作性。

至此,在评价标准实现共享后,我们还需注意,此时学习过程已经实现了较大程度的开放。在此前提下,我们需要充分考虑个体差异,对标准进行比较科学的分层。

目前,历史课程Ⅱ的量规中有三个层级:需补救、良好、卓越。一方面这可以帮助学生在自评时能够找到符合自己学习表现的标准,强化自我评估结果导向下的自我激励。因为这是过程中的自我评价,学生容易产生认同,可以发挥良好的自我激励效用。另一方面,不同层次的学生都能够找到符合自己的层次和攀升方向。

使用量规一段时间后,学生的学习发生了很大变化。其一,学习态度发生了转变。学生主动找寻老师进行问题答疑的情况多了起来,提问方式也由从前对任务的关注转变成对问题的研讨。这体现了量规支撑下目标的清晰化。

其二,在持续使用量规一段时间后,学生学习的广度和深度都有所拓展,学科素养的落实质量明显提升,学生在不同场合使用历史素材证明观点的现象增加,主动表达历史感悟的次数也在增多。我在语文作文创作、入团自述、游学项目研究等学习情境中,都看到和听到孩子主动采用历史思维表达自己的观点,甚至收到不少要求老师提供历史素材援助的"诉求"。作为一名历史老师，在欣慰之余，我也认识到随着学生自我评价的深度开展，历史学科素养在逐渐形成。

其三，自我评价工具更关注学习过程，这使得学生在学习过程中的自我提升一定会在学习结果中有所体现。在使用量规后的一次考试中，学生总体的平均分和优秀率都有较大提高。

量规的使用完善了新中考视野下初中历史的评价策略，评价策略的完善让学生对学习目标的认知变得更加全面和准确，学习过程也因量规的辅助变得更加有效，由此带来学生学习态度的转变、学习深度的拓展、学习成果的提升。

过程性评价，从有用到好用

邸泽民

如今 STEM 教育备受关注，我国近几年出台了很多政策鼓励人们进行 STEM 教育。在这样的背景下，十一学校一分校成立了 STEM 课程研发工作室，以小学科学课为主要载体，开始研究相应的 STEM 课程，以培养学生的科学精神、实践能力和创新能力等。

围绕这样的目标，我们研发了一套课程项目。每个项目都包含了丰富的科学、技术、工程、数学甚至人文方面的内容，学生学得也是不亦乐乎。但随着课程的进行，一个问题越来越凸显：这些课程能达到培养孩子的目标吗？——我们需要课程标准！于是，大家带着问题再次展开学习，以小学科学课程标准为基础，结合劳技、通用技术等课程标准，设计出一套较为完整的 STEM 化小学科学课程标准。

有了明确的课程标准后，怎么才能判断这些标准是否达到了呢？我们还需要评价标准。类似小学科学这样的非统考科目，过程性评价标准比终结性评价标准更为重要。很多人认为，如果课程标准制定得足够细致和精准，以此为基础制定评价标准就会比较容易。但是，在实践中我们发现，在很多情况下，直接根据课程标准转化过来的过程性评价标准不好用。首先，由目标直接转化过来的评价标准很多时候还是不够精确，不易被学生理解。其次，分层不够清晰或没有分层，学生只能根据个人的判断来衡量是否达到标准，达到什么程度则无法判断。它只能粗略检验学生的学习效果，无法给予后续帮助。最后，一节课需要评价的内容往往有很多，作用并不明显，久而久之，老师和学生都会觉得疲惫，甚至草率待之。

这样的过程性评价虽然也有一定作用，但总让人觉得有点事倍功半，总体效果不好。如何让过程性评价变得好用呢？我们通过实践总结出以下几点经验。

第一，评价内容应紧扣课程，让评价变得精确和清晰。比如，我们开发的一个STEM学习项目是，要求学习者为云南省德宏傣族景颇族自治州的人们制作一款太阳能热水器，以解决当地人低成本使用热水的问题。其中一个重要环节就是学习者要自己查阅资料以获得一些有用的信息或知识，然后分享。开始的时候，这个环节的评价标准是"能通过查阅资料获取信息"。这个标准很模糊，虽然字面意思很好理解，但学生却很难判断自己是否达到了这个目标，他们存在这样的疑惑："只要能通过查阅资料找到任何信息都算达成目标了吗？"于是，我们通过紧扣主题的方式使这条标准变得尽可能清晰，修改后变成"能通过查阅相关资料获取对制作太阳能热水器有帮助的信息，并在制作中用到该信息"。修改后的标准，不但明确了查阅到的信息首先要对项目制作有帮助，还要求在制作中用到该信息，也就是要求学习者要掌握有用信息。这样学生对是否达到该标准就能做出清晰判断了。

第二，评价主体要更加多元，对学生的评价绝不是教师一个人的事。假设一个老师教3个班，每班有30个左右的学生，这样下来就有近100个学生。若想让老师对每一个学生都全面照顾到，几乎不可能。只有多元的学习评价主体，才有可能较全面地评价学生。那么，谁来帮我们一起评价呢？一个眼睛盯着黑板的学生，他是在学习还是在走神，可能只有他自己最清楚。此外，缩小当前水平与学习目标之间差距的、矫正错误概念的，都是学生自己。因此，学生必须学会评价自己。再比如，一个学生是否能接受别人的意见，和他在一个小组的同学可能最有发言权，所以同学要评价。另外，学生在家完成任务时的状态，家长最清楚，所以家长也要评价。

第三，评价主体各有侧重，各评价主体并不需要对所有内容都进行评价。那各个评价主体到底该评价哪些内容呢？比如，让一个学生评价另一个学生知识掌握的情况可能就不合适。上面提到的太阳能热水器项目中的一些评价内容，应当分别对应不同的评价主体。

表1 "太阳能热水器项目"中部分评价内容及其对应建议评价主体

评价内容	建议评价主体
知道测量水的温度的方法	自己、教师
对他人的设计思路、草图、模型等提出改进建议，说明理由	同学、自己
知道科技产品可能对人类生活和环境产生负面影响	家长、同学

第四，量规标准要清晰易懂。如果想让评价变得更好用，我们还需要进一步升级量规，对标准的描述也要尽可能清晰明了。因为多元主体进行评价的时候，对一些描述的理解可能会不尽相同。比如，我们经常见到的"了解"和"基本了解"，不同的人可能就会有不同的理解。这就需要有共同的标准，就需要用描述性的语言清晰地描绘出不同的评价等级，以尽量减少评价者的主观判断。有了量规，如表2所示，可以让学习者更清楚地知道自己当前的学习状态，并且知道努力的方向甚至路径，以达到更好的学习效果。

表2 "太阳能热水器项目"中的量规举例

评价内容	优	良	达标
知道设计简易太阳能热水器的基本步骤，包括明确问题、确定方案、设计制作、改进完善等	能按照顺序顺利说出所有核心步骤，并能对每个步骤进行解释、说明	能比较顺利地按照顺序说出所有核心步骤	能说出所有核心步骤，但顺序有误或者需要较长时间的停顿

改变评价方式,让学生了解自己

陈健

学校体育课程的基本任务是引导学生锻炼身体,增强体质,传授体育与健康方面的基本知识、技本技能,对学生进行思想和道德品质的教育。为了实现这些基本任务,我们要根据学科核心素养、课程标准及我校的育人理念进行分析、研究,丰富我校的体育课程。我校的体育课程主要分为基础体育课和体育选修课。基础体育课对学生进行基本身体素质的练习,体育选修课可以进一步促进学生掌握技能。二者相辅相成,缺一不可。我们还要对学生进行个别化教学,根据学生的不同需求,为他们提供喜欢和适合的运动项目,并进一步为学生擅长的运动项目提供平台。

发现困惑,找寻解决办法

体育学科以锻炼学生身体为手段,通过课上教师对学生进行基本运动技能的传授,学生课下继续锻炼,课上课下反复练习,达到增强身体素质的目标。

体育教师可以对课堂进行把控,而学生课下练习的时间和效果往往被忽略。课上课下的练习缺一不可,如何让学生在课下也能主动有效地进行练习成为我们教学中的痛点。

我们通过头脑风暴和画鱼骨图的方式找出了问题的症结：传统的评价方式过于单一，造成的结果就是评价方式不直观，没有教师对学生情况的分析，没有各项标准的对比，没有给学生提供方向。

找出了问题，就要想办法解决。我们想到了一款足球游戏。它给予了我们解决问题的灵感。这款游戏通过雷达图及数据对队员进行精准分析，使玩家能够快速、准确地选出适合比赛的队员。如果我们也能够为学生提供这样精准的数据，不就能够解决评价方式单一的问题了吗？

初步尝试雷达图的评价方式

想使用雷达图进行评价，就要拥有学生的各项数据，而这些数据正好也是体育学科拥有的。

以我教的六年级为例，有位学生上学期在基础体育课上进行了五个项目的学习，在体育选修课上也进行了多项技能的学习，同时还进行了国家体质健康测试，这些都能够为使用雷达图进行评价提供有效数据。

有了这些数据，我们就可以通过 Excel 软件生成这位学生本学期的雷达图（见下图）。通过雷达图中的标记，我们可以看出该生本学期成绩较低的项目、技术动作及相关身体素质。学生可以通过直观的评价，了解自身不足，发现问题，明确努力方向。

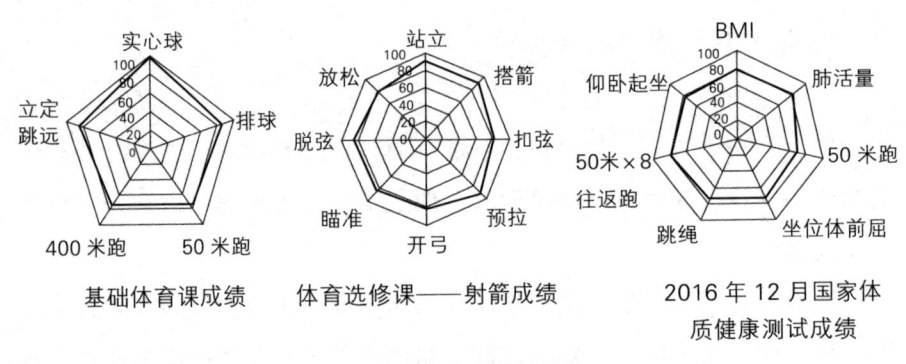

基础体育课成绩　　体育选修课——射箭成绩　　2016 年 12 月国家体质健康测试成绩

第一次体育成绩雷达图

以国家体质健康测试数据为例,这位学生 50 米跑、坐位体前屈和跳绳成绩较低,由此我们可以得出学生的柔韧性、协调性及上下肢力量需要加强的结论。雷达图之外,我们还会给学生提供体质健康测试的得分标准,学生可以通过标准了解自身所处的位置,明确提高方向和空间。

有了分析,我们便要求学生为自己制订练习计划。学生制订完练习计划后,教师再进行审阅、修改。这样,学生就可以得到一份完整且适合自己的练习计划。有了练习计划,学生就可以在课上课下有针对性地进行练习。经过一段时间的练习后,在一次体质健康测试中,通过雷达图我们可以看出这位学生有了很大进步。肺活量和跳绳取得了满分,BMI 数值、50 米跑、坐位体前屈、50 米 ×8 往返跑已经达到良好,仰卧起坐成绩虽然还未达到良好,但和上次相比也有了一定提高。(见下图)学生看到自己努力的成果,自然也就有了继续提高的方向和动力,从而实现了由教师教渐渐地变成学生学。

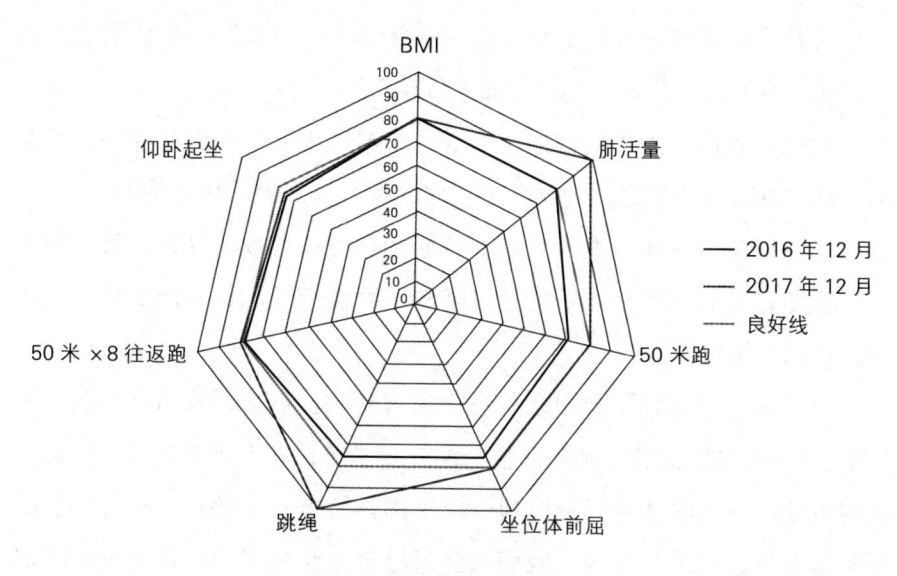

第二次体育成绩雷达图

雷达图评价方式不仅可以使学生弥补不足,还能够帮助学生进行准确定位,以发挥其特长。以足球队的一位学生为例。这位学生在球队中水平较高,传球、配合、射门能力较强,还具备较快的速度和较好的体能。但通过雷达图我们还是可以看出这位学生存在短板，就是她的防守能力较弱，是典型的攻强守弱的球员。通过雷达图，我们可以知道这位学生适合中前场的位置，可以安排为前锋或者进攻型中场。这样，这位学生就可以利用自身优势，发挥自身特长，为球队做出更大贡献。

雷达图评价方式可以让学生了解自身不足，明确努力方向；了解自身特点，发挥自身优势；从教转到学，将教学目标转化为学习目标。此外，学生借此可以学会制订个人训练计划，养成终身进行体育锻炼的习惯。这不但解决了评价方式单一的痛点，同时也向培养学科核心素养、实现课程标准以及我校的育人理念又迈进了一步。

完善雷达图评价方式，为更多学生提供帮助

对雷达图评价方式的初步实践，虽然有了一定收获，但我们也发现了问题。我们将会从以下几个方面进行改进。

1. 完善数据。为学生提供更丰富的数据，让学生能更加准确、直观地了解自身特点与不足，为制订个性化的练习计划提供更大帮助。

2. 精细项目评语。教师对学生数据进行更加有效的分析，努力给予学生更加有效的评价，使学生能清晰地了解自身情况，从而明确个人的学习目标和努力方向。

3. 与学校"龙娃"课程系统进行深入对接。目前，我们已经和学校"龙娃"课程系统进行了初步对接，通过技术手段在系统中实现了数据的实时更新。这让学生能够及时通过雷达图评价方式了解自身情况，及时制订适合自己的练习计划。我们希望通过进一步的努力，让全校学生都能够通过雷达图评价方式来学习。和系统对接后我们发现，改变了评价方式后，学生得到的不只是体育课上的一个分数，而是一张张信息丰富的雷达图。学生在学校进行了九年体育学习后，得到的几十张雷达图将是一份珍贵的体育档案。通过这份档案，学生不但能够看到自己的成长

与提高，而且可以了解及时的自我评估与反思的重要性，同时形成"终身体育"的理念。

4.设置更丰富的体育项目。我们应该继续丰富课程，为学生提供丰富多样的体育项目以满足学生的需求，同时努力发掘学生的潜力，为学生提供更大的平台。

5.学习先进、实用的教学方法。我们全组教师将努力学习先进、实用的教学方法，以便对学生进行更加科学、有效的指导，为学生的成长提供有力支持。

第三辑

从教走向学，
让学习真实发生

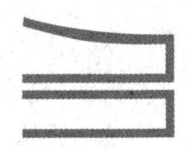

如果我们仍然以昨天的方式教育今天的孩子，无疑就是剥夺了他们的明天。教育应该让我们的孩子具有面对未来的能力。

未来到底需要什么？

我们或许难以给出确切的答案；

但是现在，我们可以培养孩子们的学习力！

应该从教走向学，让学习真实发生，让孩子们在真实的学习中获得学习力。

我们要，

构建清晰适切、师生共识的学习目标，

创设真实情境、真实问题下的学习任务，

设计学习策略，开发学习工具，搭建学习脚手架，

研制指示目标达成的评估证据……

作为教育者，我们需要走出经验的丛林。我们对自己经验的改造、提升和转化，将决定我们独特的专业价值。

如何让学习目标变得清晰而精准

王星懿

问题的提出

学习目标是学习的靶子，不管是教师的教还是学生的学，想要高效，都离不开清晰、适切、可操作的学习目标。我们上每一堂课之前都会制定学习目标，在制定目标的过程中，我们遇到了一些问题。

首先，目标针对的主体是教师而非学生。这造成目标在表述上模糊笼统，无法让学生清晰、准确地把握以指导学习。在目前的教学改革中，我们越来越强调学生的主体地位，要实现学生自主学习，首要的便是制定清晰的学习目标，让学生的学习有"靶"可依。

其次，学习目标的制定随意性较强，缺乏精准性、针对性。在制定学习目标时，教师会参照课程标准，思考单篇文章的文体特点，对学生需求的关注相对不够。即使关注了，也主要关注当前学生的需求，而忽略了学生的学习是一个连续的过程。若不去探究学生曾经学过什么，将来会学什么，对当前学习需求的判断就极有可能出现偏差，从而导致学习目标制定上的偏差。

那么，学习目标的制定如何才能做到清晰而精准？是否有一些方法和工具能帮助我们更好地制定学习目标？本文以《天净沙·秋思》这首元曲名篇的学习目标制定为例，进行了思考与探索，试图找到让学习目标变得清晰而精准的方法和策略。

策略与案例

使用"ABCD"表述法，清晰表述学习目标

学习目标制定中的第一个问题是如何让目标由模糊变清晰。

随着教育改革的推进，我们都意识到单纯基于经验或基于考试的目标制定是不合理的。目标的制定需要基于标准，比如，义务教育课程标准或学科核心素养。那么照搬照抄课程标准，就能保证学习目标清晰、明确了吗？

梳理《义务教育语文课程标准》对古诗阅读的要求，主要有两条。1.能借助注释和工具书，理解基本内容。2.注重积累、感悟和运用，提高自己的欣赏品位。

这两条课标要求主要传达了两个意思。第一，培养的核心素养主要是审美素养，通过阅读古诗，学生要能够感受美、欣赏美、辨识美和运用美。第二，要达成核心素养，需要学生进行理解、积累、感悟、运用。如果把以上两条课程标准直接套用为学习目标，以《天净沙·秋思》为例，会得到如下学习目标。

1. 能借助注释和工具书，理解《天净沙·秋思》的基本内容。
2. 能感悟《天净沙·秋思》中的形象和情感。
3. 能积累、运用《天净沙·秋思》。

这样的学习目标对学生来说有什么问题呢？以第二条目标"能感悟《天净沙·秋思》中的形象和情感"为例，学生可能会问："'感悟'是什么意思？我到底要做什么？我要感悟到什么程度才算达到了标准？我怎么感悟？有方法吗？有条件吗？"因此，对学生来说，这样照搬课程标准的学习目标是模糊的，缺乏可操作性的。它存在以下问题。一是学习目标的主体不明确。二是行为表现太抽象，不具体，缺乏可观测性。三是没有行为条件和行为程度。

如何把学习目标表述得清晰、适切、可操作呢？目标的"ABCD"表述法有助于实现这一目标。

| A 行为主体 | + | B 行为表现 | + | C 行为条件 | + | D 行为程度 | = | 清晰表述的学习目标 |

A 即行为主体。学习目标的行为主体应该是学生而非老师，整个学习目标的制定都应该以学生为对象。B 即行为表现。目标表述的清晰与否很大程度上取决于行为表现表述得清晰与否。行为表现应该用具体的、可观测、可测量的动词来表述，尽量避免用抽象的、模糊的动词来表述。C 即行为条件。要明确学习目标中的行为在什么条件、环境下产生。D 即行为程度。也就是规定的达到行为的最低标准。

运用这个方法，明确了行为主体、行为条件、行为程度，将抽象的行为动词"感悟"用具体的、可观测的行为动词替代之后，我对这一条目标进行了修改。

原目标：能感悟《天净沙·秋思》中的形象和情感。

改写后的目标如下：

1. 我能通过反复诵读，整体感受情感并能准确说出自己的个人体验。

2. 我能借助关键词或关键意象，感受《天净沙·秋思》的形象和情感并准确说出自己的个人体验。

3. 我能结合诗人的相关资料和写作背景，感受《天净沙·秋思》的形象和情感并准确说出自己的个人体验。

4. 我能结合修辞方法和表现手法，感受《天净沙·秋思》的形象和情感并准确说出自己的个人体验。

5. 我能发挥联想与想象，感受《天净沙·秋思》的形象和情感并准确说出自己的个人体验。

由 1 到 5，分别从 5 个方面感悟《天净沙·秋思》的文本特点。这次改写，表面上的变化是数量由少到多，实际上是通过明确四要素让目标变得更清晰了。

使用表述工具，让目标表述科学、精准

在表述目标时，我们还常常会遇到这样的问题：找不到合适的词来表述目标，尤其很难把抽象的行为动词用具体、可观测的行为动词表述出来。经过学习和总结，我发现有三个工具可以帮助我们把目标表述得科学、精准。

一个是布鲁姆及安德森的教育目标分类——认知过程解读与标准用语表（见表1）。布鲁姆将人的认知过程分成了记忆、理解、运用、分析、综合和评价六类，并在每一类中给出了可以表述该类认知过程的行为动词。如果要表述"记忆"一类的行为动作，直接在与"记忆"对应的动词栏中找寻相应的动词进行表述即可。

表1：布鲁姆及安德森的教育目标分类——认知过程解读与标准用语表

认知过程	具体分析
记忆	指认知并记忆。包括对具体事务、方式方法、普遍原理或概念等的回忆。
	行为动词：回忆、记忆、辨别、了解、熟悉、掌握、识别、判断、定义、陈述、列举、说出、背诵、复述、辨认、概括、指导、在图上找出或指出等。
理解	最低层次的理解。不必把某种材料与其他材料联系起来，也不必弄清其充分含义，便知道正在交流什么，并能运用这一材料或观念，包括转化、解释和推断。
	行为动词：阐述、描述、解释、重述、归纳、叙述、鉴别、选择、转换、估计、引申、举例说明、猜测、摘要、改写等。

（续表）

认知过程	具体分析
运用	指对所学习的概念、法则、原理的运用。它要求在没有说明问题解决模式的情况下，学会正确地把抽象概念运用于适当的情况。这里所说的应用是初步的应用，而不是全面通过分析、综合运用知识。
	行为动词：应用、论证、操作、实践、说明、解决、实验、做、预测、记录、把……联系起来、运用、计算、示范、改变、用……解释、修改、计划。
分析	指把材料分解成它的组成要素，从而使各概念间的相互关系变得更加明确，材料的组织结构变得更为清晰，详细阐明基础理论和基本原理。
	行为动词：分析、检查、实验、对比、比较、辨别、区别、区分、分类等。
综合	以分析为基础，将各要素全面加以分解，并再次把它们按要求重新组合成整体，以便综合地、创造性地解决问题。它涉及具有特色的表达，制订合理的计划和可实施的步骤，根据基本材料归纳出某种规律等活动。它强调特性与首创性，是高层次的要求。
	行为动词：创作、撰写、表达、交流、分享、制订计划或操作程序、组成、建立、设计开发、系统化、编写、写作、创造、设计、提出、组织、综合、归纳等。
评价	这是认知领域里最高层次的教育目标。这个层次的要求不是凭借直观的感受或观察的现象做出评判，而是对事物本质的价值做出有说服力的判断。它综合内在与外在的资料、信息，做出符合客观事实的推断。
	行为动词：评价、估计、评论、鉴定、辩护、预测、预言、支持、评定等。

第二个工具是马扎诺的新教育目标分类——用词和短语表（见表2）。马扎诺同样划分了认知维度，并在每个维度下给出了具体的用词和短语。

表 2：马扎诺新教育目标分类——用词和短语表

	水平 1：知识提取		水平 2：理解
识别	识别（从一个列表中）、认出（从一个列表中）、选择（从一个列表中）、确定（下面的陈述是否正确）	整合	描述如何或为什么，描述……的关键部分 描述效果，描述……的关系，解释……的方式 释义，总结
回忆	举例说明、说出、列举、标注出、陈述、描述，识别出谁，描述出什么，识别出什么地方……	象征	象征、描绘、表现、说明、画、展示、使用模型、画示意图、在图上标出
执行	使用、演示、展示、做出、完成、起草		
	水平 3：分析		水平 4：知识运用
配对	归类，比较和对比，区分、辨别、区别、分类……	决策	决定，从下列选项中选择最好的，下列哪个是最好的，最好的方式是什么，这些中哪个最合适……
归类	归类、分组、分类，识别更广泛的类型……	问题解决	解决，你将如何克服、适应，开发一种策略从而……
分析错误	识别错误，识别问题，识别争议，识别误解，评估……	实验	实验，提出并验证，验证……的想法
概括	概括，可以得到哪些结构（推论），建立一个概论……	调研	调研，研究，发现，采取……的立场，……的不同特征有哪些，这是如何发生的，这为什么发生……
具体说明	得出并解释，预测、评判、推断，什么会必然发生……		

以上两个工具都是科学表述行为表现的工具。

第三个工具是我参考课程标准中的目标表述，总结出的适合语文学科表述行为条件的工具。在表 3 中，我将行为条件划分为三类，分别是辅助手段、方法或工具，具体情境和时间条件。我在每一类中给出了一些常用的表述语和例子。

表3：科学表述行为条件的工具（语文）

类别	常用表述	例子
辅助手段、方法或工具	通过……方法 结合……方法 能联系上下文…… 借助……工具 借助……方法 借助……手段	①能联系上下文和自己的积累，推想课文中有关词语的意思。 ②借助注释和工具书，理解基本内容。
具体情境	在……基础上 在……情况下 根据……要求 根据……条件 根据……情境 围绕…… 在……过程中	①在熟练书写正楷字的基础上，提高书写速度。 ②根据表达的需求，围绕表达中心，选择恰当的表达方式。
时间条件	在……分钟内	在40分钟内，完成一篇记叙父爱的记叙文。

理清学生的能力训练链条，实现核心目标的精准定位

新生成的学习目标清晰、可操作，但它的问题也一望可知：目标多而杂，一两个课时内根本无法完成。怎么办？需要取舍，确定核心目标。如何取舍？凭借教师经验吗？是否有取舍的参考标准和科学的方法？如何定位才能让核心目标更精准？

首先，我们要转变观念。我们不是在教古诗，而是在用古诗教。古诗不是学习目标，而是学习资源。我们的关注点应该放在培养能力上，即教会学生如何去感受古诗之美、欣赏古诗之美、运用古诗之美，培养他们的审美鉴赏素养与创造素养，而不是单纯教授关于这首古诗的知识。

其次，我们需要梳理学生的整个学习链条。学生已经学了什么？将来是否继续学？现在需要学什么？要以学习需求为依据进行取舍。也就是说，要找寻整个学习阶段学生某项素养培养或能力训练的脉络，对核心目标进行精准定位。

下面以《天净沙·秋思》为例说明。在我所使用的校本教材中共有三个古诗阅读教学单元。这三个单元是按能力点建构的，且能力训练点既各有侧重又互相联系，具体情况见表4。

表4：校本教材中的三个古诗阅读教学单元

单元主题	单元位置	能力训练点	选文
读诗悟情	初一上册第三单元	通过分析抒情方式感悟诗情	《山坡羊·潼关怀古》《天净沙·秋思》《沁园春·雪》《卜算子·咏梅》
知人论诗	初一下册第三单元	借助作者经历和写作背景，理解诗歌	《李白诗两首》《杜甫诗三首》《苏轼词两首》《辛弃疾词两首》
诗词拔萃	初二上册第二单元	依据诗歌题材和意象理解诗歌，感悟诗情	《过零丁洋》《饮酒》《浣溪沙》《渔家傲》《水调歌头》

在具体的单元内部，我们还可以根据能力点进行进一步划分。比如，"读诗悟情"单元意在通过训练学生对抒情方式的感悟以提升其诗歌能力。抒情方式又可以分为两种不同类型：一种是借景抒情，一种是托物言志。那么，在这个单元内部，我们可以将古诗再做细分。比如，用《天净沙·秋思》去实现通过分析"借景抒情"感悟诗歌的能力点，用其他古诗去实现通过分析"托物言志"感悟诗歌的能力点。

在以能力训练或素养培养作为出发点，把学生学习基础作为参考标准，找准其在阶段学习和单元学习中的位置后，我们就会发现，尽管改写后的5条目标都适合《天净沙·秋思》，但由于《天净沙·秋思》在阶段学习和单元学习中主要承担的是"通过分析借景抒情的方式理解诗歌"这一能力训练点，其他的能力训练点在不同单元由不同学习资源承担，因此，我们最终选取了这5条学习目标的第4条，作为《天净沙·秋思》的核心学习目标。

原目标：

1. 我能通过反复诵读，整体感受情感并能准确说出自己的个人体验。

2. 我能借助关键词或关键意象，感受《天净沙·秋思》的形象和情感并准确说出自己的个人体验。

3. 我能结合诗人的相关资料和写作背景，感受《天净沙·秋思》的形象和情感并准确说出自己的个人体验。

4. 我能结合修辞方法和表现手法，感受《天净沙·秋思》的形象和情感并准确说出自己的个人体验。

5. 我能发挥联想与想象，感受《天净沙·秋思》的形象和情感并准确说出自己的个人体验。

修改后的目标：

我能结合借景抒情的抒情方式，感受《天净沙·秋思》的形象和情感并准确说出自己的个人体验。（核心目标）

基本结论和思考

学习目标的制定要以课程标准和学科核心素养为依据，但这两者毕竟属于宏观的、上位的、中长期的要求，不能照搬成学习目标。学习目标的制定必须以学生为出发点。一方面，在表述上对学生来说目标应该是清晰的。在本文中，我们尝试通过明确行为主体、行为表现、行为条件、行为程度这四个要素，结合教材，对课程标准进行深挖细化，并借助"ABCD"表述法和工具，用科学、规范的语言将学习目标清晰表述出来。另一方面，在定位核心目标时，要以学生的学习需求为依据。在本文中，我们以能力训练为出发点，通过梳理阶段学习和单元学习的能力训练脉络，最终精准定位了核心目标。

[说明：本文中的表1是笔者学习《布卢姆教育目标分类学》（外语教学与研究出版社2009年版）和《学习、教学和评估的分类学》（华东师范大学出版社2008年版）等著作后梳理出的，表2是学习《教育目标的新分类学》（教育科学出版社2012年出版）等著作后梳理出的。这些只是个人的理解。]

"世界地区"大单元教学设计

徐希阳

学生经常会遇到这样的情况：课堂中在老师的引导下一听就懂，一做就会，但在课下新情境拓展练习中却一练就不会。要学会游泳，就必须下水。岸上学游泳，也可能教会一定比例的学生，但面向全体学生的教学，却需要在水中开展。因此，对如何通过教学提升学生对课程的本质理解、把握学科全貌、形成学科思维、锻造关键能力问题的思考，成为不断推动学科教学的动力。

"世界地区"大单元教学设计的缘起

大单元教学的优势在哪里？大单元以学科大概念为核心，使课程内容结构化；以表现型任务（核心任务）为主题引领，使课程内容情境化；通过学生一系列的情境理解、问题发现、知能链接、探究体验、观点归纳、拓展迁移，促成他们提炼学科观点，审视学科本质，培育学科思维，最终促进学科核心素养的落实。为此，我们开展了大单元教学设计。

区域地理教学设计的优势又在哪里？从初中地理课程的结构图（见图1）中我们可以看出，区域地理占据了初中地理课程的半壁江山。同时，在课程结构中"概况"部分又是"认识区域"的重要基础和必要组成。因此，区域地理是初中地理课程的主体、核心和精髓。而任何尺度的区域，不仅涵盖了诸多地理要素（自然与人文）和认识视角，而且包含了地理要素之间复杂的联系和影响。如图2所示，区域地理紧密依托"区域认知"这一核心素养，在认知区域中调动"综合思维"和"地理实践力"，又在对区域发展问题的反思中形成"人地观念"。所以，我们选择"世界地区"开展大单元设计。

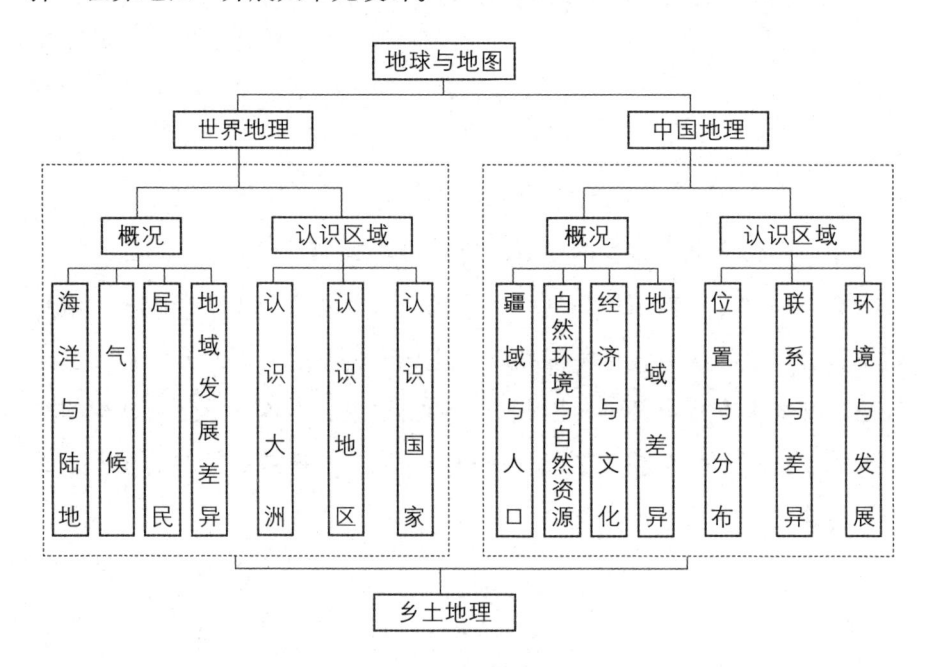

图1 初中地理课程结构图

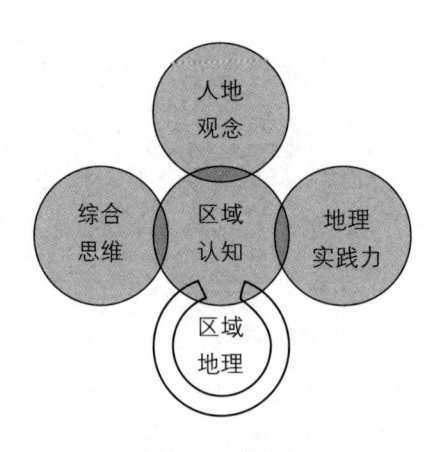

图2 人地观念形成路径示意图

"世界地区"又具有怎样的课程地位？一方面,"世界地区"上承"大洲型区域"(人教版教材七年级下册第六章共有两节)。"大洲型区域"的课程标准简要而基础,侧重区域自然地理要素的组成；而"世界地区"对区域认知的要素涵盖维度更全面、要素关联把握更深入,涉及的章节更多(人教版教材七年级下册有三章共五节内容,见下表)。另一方面,"世界地区"下启"国家型区域"。"世界地区"更侧重自然地理要素对人文地理要素的影响,而"国家型区域"更侧重社会经济要素的识别和归纳。对前者的学习有利于深化学生对后者的学习。

人教版《地理》(七年级下册)中的"世界地区"章节安排

单元	第一节	第二节	第三节	第四节
第六章 我们生活的大洲——亚洲	位置和范围	自然环境		
第七章 我们邻近的地区和国家	日本	东南亚	印度	俄罗斯
第八章 东半球其他的地区和国家	中东	欧洲西部	撒哈拉以南非洲	澳大利亚
第九章 西半球的国家	美国	巴西		
第十章 极地地区	极地地区			

综上所述,因为学科大单元在素养落地方面的优势,因为区域地理在初中地理课程中的地位,因为"世界地区"在课程结构和内容方面承上启下的价值,所以我们选择了"世界地区"大单元教学进行设计。

"世界地区"大单元教学设计的核心

"世界地区"在国家教材中涉及三个大章五个小节,即东南亚、中东、欧洲西部、撒哈拉以南非洲和极地地区。设计该大单元需要提炼一个单元核心观点（单元核心大概念），进而阐述在单元学习中要持久思考的核心问题，设计驱动单元学习的核心任务，明确单元发展的学科关键能力。

从课程标准和课程内容分析，区域地理学习应紧紧围绕"通过认识所学区域自然地理和人文地理的主要特征，初步掌握学习和探究区域地理的基本方法"的要求进行，即考查区域的位置、要素组成、要素联系和区域发展。"大洲型区域"侧重自然地理要素的认识和归纳，"国家型区域"侧重人文地理要素的认识和归纳。作为承上启下的"世界地区"则侧重自然地理要素对人文地理要素的影响，即从自然要素过渡到人文要素。因此，"世界地区"大单元的核心观点是：区域内的要素是相互作用、相互影响的。

提炼出核心观点、考量了众多地理要素及世界地区的课程要求后，我们决定重点学习自然地理要素对人文地理要素的影响。需要补充的是，国家教材在呈现类别多样的人文地理要素（人口、宗教、农业、工业、旅游、文化等）时各有侧重：东南亚的农业和文化旅游、中东的宗教文化冲突、欧洲西部的农业和文化旅游、撒哈拉以南非洲的人种文化和人口问题、极地地区的科学考察。所以，虽然可以暂定某一人文要素来概括认识，其实，不但自然地理要素对人文要素有影响，而且各人文要素之间也相互影响。因此，我们将"世界地区"大单元的核心问题设计为：如何全面分析世界地区内部各要素对某一人义要素的影响？

核心任务的设计，既要以其表现性利于评估单元核心观点和核心问题，又能关联迁移运用的情境，以贴近学生学习、生活的实际情境，从而促进学生完成学习活动。我们可以以国家提倡和学校深入开发的游学活动及寒暑假学生的假期旅行为蓝本，设计旅行探索类的核心任务。最后，我们选择了"开展'东南亚寒假旅行方案'可行性评估"作为单元的核心任务。

在完成这样的单元任务过程中，学生能够"知道区域与区域间因存在差异而相互联系"（区域认知），能够认识到"地理事物和现象的产生是多种要素相互作用、相互影响的结果，并有规律可循"，能够理解"地理事物和现象是在特定的空间与时间条件下不断形成、发展和演化的"（综合思维），能够"在日常生活中进行调查、访谈，关注社会生活以及文化现象，并解释、评价现实问题"（地理实践力），能够"理解自然环境是人类生存、发展的基础，并能够辩证地看待自然环境对人类活动的各种影响"（人地关系）。借此，学生可以发展不同水平的学科关键能力。

"世界地区"大单元教学设计基本思路

以下内容为"世界地区"大单元教学设计基本思路。

阶段1：明确预期学习结果
单元核心大概念：区域内的要素是相互作用、相互影响的。
单元学习目标：

1. 能在地图上找出某个地区的位置、范围、主要国家及其首都，说出该地区地理位置的特点。

2. 能运用地形图和地形剖面图，归纳某地区地势及地形特点，解释地形与当地人类活动的关系。

3. 能运用图表说出某地区气候的特点以及气候对当地农业生产和生活的影响。

4. 能运用地形图说明某地区河流对城市分布的影响。

5. 能运用地图和其他资料，指出某地区对当地或世界经济发展影响较大的一种或几种自然资源，说出其分布、生产、出口等情况。

6. 能举例说出某地区发展旅游业的优势。

7. 能运用资料描述某地区富有地理特色的文化习俗。

在这个阶段，学生需要思考的基本问题等列表如下。

学生需要思考哪些基本问题？	预期的理解是什么？
1. 描述、归纳某地区的地理位置，并能简要评价这种地理位置的优势和不足。 2. 识别并归纳某地区的自然地理要素（地形、气候、河流、植被、矿产资源等），且能全面描述该地区的自然地理要素。 3. 识别并归纳地区的人文地理要素（人口分布、人种类型、语言种类、宗教特点、交通分布、农业特色、工业发展、旅游业等），且能全面描述该地区的人文地理要素。 4. 识别并描述某地区影响经济发展的人口、资源、生态等问题，进而基于因地制宜及可持续发展原则为该地区提出合理的问题解决方案。 核心问题：如何全面分析"世界地区"内各要素对某一人文要素的影响？	学生将会理解—— 1. 描述某地区的地理位置（半球位置、纬度位置、海陆位置、板块位置），能判别该地区地理位置的优势和不足。 2. 不同地区的地理要素组成既具有相似性，又具有差异性。 3. 各个地理要素之间的相互作用具有因果联系。 4. 某一个地理要素受多个其他地理要素的影响，同时该地理要素还会影响其他地理要素。 5. 能辩证认识某一地区人类某项活动对地理环境产生的影响。

在这个阶段学生将会获得哪些重要的知识和技能呢？

1. 学生将会知道——

①重要地理事物：东南亚、欧洲西部、撒哈拉以南非洲、极地地区、中东、中南半岛、马来群岛、马六甲海峡、热带季风气候、热带雨林气候、波斯湾、红海、亚丁湾、苏伊士运河、地中海、耶路撒冷、热带草原、热带沙漠、热带草原气候、撒哈拉沙漠、东非大裂谷、温带海洋性气候、阿尔卑斯山脉、斯堪的纳维亚半岛、多瑙河、长城站、中山站、泰山站、昆仑站、黄河站。

②重要地理现象：山河相间、三洲五海之地、石油宝库、"绿色金子"、黑种人的故乡、高原大陆、初级产品、工业制成品、人口问题、粮食问题、环境问题、冰雪高原、白色荒漠、风库、科学考察的宝地、暖季、寒季。

③某地区的地理位置可以从半球位置、纬度位置、海陆位置、板块

位置四个方面进行描述。

④位置、地形、气候是影响地区自然环境和经济发展的最重要的自然地理要素。

⑤悠久的历史、秀美的风光、灿烂的文化、独特的环境是地区旅游业发展的基础。

⑥人口增长问题会引起粮食问题、环境问题。

2. 学生将能够使用图文资料——

①从半球位置、纬度位置、海陆位置、板块位置等四个方面来分析某地区的地理位置特点。

②概括出某地区的自然地理要素和人文地理要素的特征。

③说明自然地理要素对人文地理要素的影响，特别是对农业的影响。

④为自己制定某地区旅行参观方案，或为他人制定某地区旅行/科考方案给出自己的学科建议。

阶段2：确定恰当的评估办法

明确了学生学什么之后，需要设计的就是能促成学生落实学习的核心任务和评价方案。

表现型任务：	其他证据：
1."东南亚寒假旅行方案"可行性评估 学生基于教材、图册及老师提供的地图及材料，对老师制定的"东南亚寒假旅行方案"进行论证和完善，并给出分析和建议。 2.《国家地理》之世界地区考察报告系列 《国家地理》拟发行一期介绍世界地区特色的专刊，特向一分校学生征集方案。学生根据个性化选择，组建报告小组，收集选定的世界某地区（中东地区、欧洲西部、撒哈拉以南非洲、极地地区）各类材料和地图，研讨、制作图文并茂的世界地区考察报告，进行投稿。	1. 师生对话。①描述东南亚的地理位置，并评价这种地理位置的优缺点。②讨论如何通过读地形图判定河流的流向和分布特征。③讨论如何根据气温曲线和降水量柱状图判断某地区的气候特征和类型。④讨论如何分析位置、地形和气候对地区农业发展的影响。 2. 生生评价。生生之间进行问题回答补充，组组之间进行评价和建议。

（续表）

3.考察报告汇报打分评价表（组间评价）各小组充当评委，对展示、汇报的小组提交的《某地区考察报告》进行评估打分，评选出一、二、三等奖。各小组需要根据各汇报小组展示内容的不同给出比较恰当的评价表——既能衡量出小组的地区认知科学性与完整性，又能显示被评价小组展示内容的优劣。	3.技能测试。①根据气温和降水数据，判别所给的气温曲线和降水柱状图的偏差状况。②制作东南亚地区地理要素树形图。③为中东设计1–4条油气运输路线。④评估量规。"寒假旅行方案评估报告"评价质量量规、"世界地区"考察汇报量规。

阶段3：规划相关教学过程

本单元根据教学模块划分为三部分，大致情况如下表。

单元模块	内容	课时
世界地区概况	"世界地区"的划分依据（尺度）、基本类别和分布；认识世界地区的基本思维视角。	1课时
世界地区认知	以东南亚为例开展"世界地区"的区域综合认知，以"东南亚寒假旅行方案"可行性评估作为核心驱动活动。 1.介绍"东南亚寒假旅行方案"的来源、背景、面临的决策困难，以及需要完成的评估报告的具体要求。 2.学生根据要求对"东南亚寒假旅行方案"进行论证和完善，并给出分析和建议。 3.师生共同评估"东南亚寒假旅行方案"评估报告。	3课时
世界地区汇报	《国家地理》之"世界地区"考察报告汇报展示。 1.各个小组分别制作世界某地区考察报告稿件。 2.每个小组分别对本组制作的"世界地区"考察报告进行汇报展示，其他小组完成汇报点评和评价表撰写（2课时）。 3.生生交流、总结"世界地区"考察报告制作的经验和不足，教师引导学生归纳"世界地区"认知的一般思维路径，评选出一、二、三等奖并颁奖。	4课时

表现型任务使数学理解真实发生

张瀚斤　杨晓蕾

我们学校上学期期末考试中的一道数学题，只有36%的学生得到满分——6分，平均得分只有4.4分。这道题难吗？不难。这道题的内容就是把一段路程平均分成几段，问每段有多长。这道题信息量虽然比较大，背景看起来也比较新，但数学思维难度其实并不大，但很多学生就是不会。

孩子们怎么就不会呢？一问起来似乎什么都知道，一遇到复杂问题又总是不会，很多看似知道了的知识点其实并没有理解，也不会迁移应用。我们的日常教学在哪个环节出了问题呢？

经过反思我们发现，平日给孩子们留的作业大部分是重复训练类型的习题。我们原以为只要做懂了这些习题，孩子们就应该充分理解了这些知识点，现在看来是不行的。存在的问题如下：缺少比较复杂的情境；通常只有比较单一的数学问题，对真实生活的情境涉及不够；缺少可视化的产品和成果。孩子们少有机会尝试用数学，也就很难体会数学在生活中各种情境下是如何解决问题的，所以他们的目标一直停留在知道知识点和会计算上。但我们不仅需要学生理解知识点，还要他们会迁移运用。

怎么办？表现性任务应该能帮上忙。什么是表现性任务呢？比如，要求使用并排的圆、矩形和三角形为一家公司设计一个带公司标志的花园，最终要提交的产品是带比例标记的设计图和所需植物数量的清单，这就是一个表现性任务。

也就是说，表现性任务要具有以下特点。

1. 情境化。要涉及真实或拟真的情境，能够获得类似成人在工作与生活中可能遇到的限制条件、"干扰声音"、激励和机遇。

2. 复杂性。应围绕问题展开，而不是围绕练习进行设计，是在一些情境和个人体验中自然而然出现的复杂问题。学生需要理智、高效地应用知识和技能来解决问题或制定方案。

3. 创造性。学生需要按照需求完成任务或产品，要有自己个性化的展示和创造。

孩子们可以在这些情境中理解数学知识，应用数学知识，创造自己的产品。在多次尝试、挑战在不同情境下解决问题后，孩子们对数学的理解就会与原来不一样。

于是，我们赶忙实践起来。

在"三角形和四边形的认识"单元中，我们设置了这样的单元学习目标：

1. 能识别三角形、平行四边形和梯形，能说出它们之间的关系。

2. 能够将三角形按边和按角分类，知道三角形的三边关系和三角形内角和。

3. 会给学过的四边形分类，知道平行四边形、长方形、正方形之间的关系。

4. 知道三角形具有稳定性，四边形具有不稳定性。

本单元的两个重要目标一是能识别图形，二是会以一定标准分类。以前，我们会领着学生做各种习题，做试卷。这次我们想添加一个与以往不同的表现性任务，不着痕迹地考查和引导学生理解分类思想，同时涉及图形的认识，也就是试着让学生在情境下用数学。在寻找任务的过程中，我们发现了绘本《不是一伙的》。这本绘本的内容正好涉及分类标准的寻找，且偏向生活化的物体分类。于是，我们就想到一个任务。假设你是绘本编写人员，要为喜欢学数学的小朋友绘制绘本。有一个绘本故事——《不是一伙的》已经完成了一部分，现在需要你来续编完成绘本。要求是至少再编写5页，并设计好颜色及布局。内容是数学中的图形，可以是单一图形，也可以是组合图形。

这个任务有现实情境，有复杂问题，需要学生理解和创造。布置完任务后，我们忐忑地期待着孩子们的作品。结果很多作品让我们感到惊喜，有关于三角形分类的，有关于平面图形分类的，有关于平面图形与立体图形分类的，这些都是本单元的核心内容。还有关于组合图形分类的，这是对分类思想的应用。当然，也有一些作品比较简单。无论感觉挺好还是不满意，我们都需要理性、客观地评价学生的作品，于是老师们又讨论制定了相应的量规。

给出量规让孩子们再次改进自己的作品时，孩子们的主动性明显被调动起来。有的埋头再研究，有的来向老师求教，有的在小组中互相讨论，孩子们参考量规不断摸索、改进、反馈。孩子们对作品进行了改进，有的添加了指导思想，有的绘制了流程图，有的进行了续集编写，等等。

看到孩子们试着在用数学，甚至是无意识地调用学过的知识，我们很兴奋。同时，我们也在想，如果我们能够将量规前置，孩子们在一开始就有评价的依据，那么表现性任务就能更好地成为助力数学理解的工具、策略，也有助于从对学生进行评价转为对学习进行评价。

孩子们的作品多种多样，他们的教具让我们爱不释手，他们的申请让我们眼前一亮。

基于国家课程标准，我们梳理了教材，进行了单元重构。在测量的视角下，我们发现长度是一维的概念，用线测量，是线的累加；面积是二维的概念，用小正方形测量，是面的密铺；体积是三维的概念，用小立方体测量，是体的堆积。由此看来，度量单位的个数，就是这个量的大小，度量单位是根本。

既然度量单位是根本，那么用"单位"一以贯之行吗？由此，我们聚焦单位。规则物我们用单位测量，不规则物我们将其转化成规则物进行测量。要获得度量结果一般有三种方式：数数，用工具测量，用公式计算。就面积单元而言，度量的结果是用"数"描述"面"的大小。从度量的发生与发展过程来看，学生都经历了自选单位到统一单位的过程。为了让测量结果更准确，就需要更多单位，从而形成单位体系。基于此，我们围绕"单位"制定了单元目标。

有了单元目标后，我们基于目标提出了这个单元的核心任务——用单位（标准）比较。但这只是一个核心任务，我们希望把它变成表现性任务。于是，我们借助 GRASPS［由 goal（目录）、role（角色）、audience（对象）、situation（情境）、performance/product（表现或产品）、standard（标准）的首字母组成］构架对核心任务进行了梳理。根据《追求理解的教学设计》中有关表现性任务的理论，我们将表现性任务分解成这样几个要素：目标、角色、对象、情境、表现或产品、标准。核心任务要转化成表现性任务，该如何匹配这几个要素呢？如果把整个框架直接呈现给孩子，三年级的学生理解起来是有一定困难的。于是，我们对框架进行了进一步的提炼。最终，我们将"面积"这节课的表现性任务确定为制作面积"尺"。

在把表现性任务布置给学生后，有些学生很快就把他们的产品制作出来拿给老师看。但当询问孩子们"你觉得你做得怎么样"时，孩子们这样回答："还行吧。老师，您说呢？"看来他们并不清楚自己做得好不好。这时，我们意识到在给孩子布置表现性任务的同时，还需要给他们量规，以引导他们把自己的产品做得更好。于是，我们制作了一个跟表现性任务匹配的量规。有了量规后，孩子们借此可以进一步完善自己的产品。

当一个真实的表现性任务展开时，学生会真实地暴露他们的学习过程。一些孩子通过制作能够测量长方形、正方形的面积"尺"并撰写说明书来展现他们对知识的理解，从把图形"按"在面积的"尺"上，到借助百数表用透明面积"尺"去测量（透明方格纸、百数表）；一些孩子对不规则图形的面积测量进行了思考，将知识迁移运用到不规则图形面积测量中；有些孩子开展小组学习，设计出一套面积"尺"；有些孩子则制作了可以度量立体图形表面积的面积"尺"。

这些带给我们很大的触动。当真实的表现性任务走进学习的时候，学生学的过程真实地呈现在我们面前，让我们清楚地看到，哪些孩子实现了目标，哪些孩子超越了目标。当然，也有一些孩子未能很好地理解相关内容。针对这样的学生，我们给予了个别化指导。

在真实的情境中完成表现性任务，学生就能够慢慢学会进行自我评估，老师也能更好地了解学生的学习情况。之前学生主要是通过记忆公式、运用公式解决问题，测量一维的线解决二维的面的问题。这主要指向对公式的记忆。为学生提供了复杂的、开放的、真实的、具有挑战性的任务后，学生通过计数标准单位的个数，加深对知识本质的理解，解决二维空间的问题。这指向的是知识的理解、迁移和运用。

在情境中学习，很好地激发了学生的学习兴趣，启动了学生的自我认知系统。在这个过程中，我们看到了真实的学习在发生，感受到了每个孩子不同的学习样态。

核心任务驱动地理教学

孙骁

作为一名新教师，我的愿望非常简单：学生能够喜欢我，喜欢我的地理课。孩子们天性爱玩，因此，在教学的第一阶段，我采用了以玩促学的方式。

我的第一节地理课是以猜谜的形式展开的。我结合自身经历，以能够反映我的两个家乡特色的景观图片为线索，用富于挑战性的游戏，请学生猜猜我的两个家乡分别在哪里。这节课上，学生积极开动脑筋，课堂气氛活跃。我成功地将衣食住行，这些生活现象背后隐藏的地理知识，融入课堂。

第一节课的成功，给了我莫大的勇气。于是，我撒了欢似的，继续脑洞大开。在"地图"这节课上，为了让学生在生活中能更好地运用地图，我设计了闯关游戏。第一关为"校园活地图探秘"。学生需要走出课堂，根据各种方位词和距离的提示，在校园中找到对应的景观，并按要求合影留念。此外，学生还需要学会使用纸质地图和电子地图。第二关，我设计了"环游中国"的游戏。学生需要在纸质中国地图上，以北京为中心，按照方向、距离、指定经纬度等提示，判断要去的城市在哪里。在第三关"我的旅行规划"活动中，学生需要运用平板电脑上的电子地图进行行程规划。这节课，学生和听课老师都给了好评。学生走出课堂，进行小组合作，有成就感，有挑战性，还需要联系生活，学以致用。老师们则说："启动元认知，赋予创新精神。"

然而，在期中考试中，学生的成绩并不理想。反思后，我发现在活动背后，学生对知识的理解是碎片化的，不知道方向在哪里，教师设计的教学活动只停留在任务本身。因此，我还需要有明确的内容标准和特定的学习目标来指导活动。

于是，在第二个教学阶段，我开始寻找目标。下面以区域地理为例简要说明。区域地理研究地理位置、自然特征、人文特征和区域发展等要素在区域内的组合及相互联系。区域地理要素虽多，但各要素间有明确的逻辑。为了让学生更加清晰地了解各要素之间的关系，我在学科教室中张贴了学习区域地理的方法流程图。在课堂上，我也引领学生按照流程去分析。有了模板，学习变得相对容易了。通过对一两个区域的练习，学生很快就掌握了区域地理的学习方法，有了看起来思路还比较清晰的作品。但好景不长，我的教学开始变得千篇一律，学生开始困倦和懈怠，对地理课的兴趣没有那么大了。

回顾初心，以玩促学时，身为老师，我不明确学习目标和学生要达到的预期结果，为了活动而活动，学生有兴趣，没目标；如今，我明确了学习目标，学生却为了分数而学习，重视目标，失去兴趣。

因此，我开始上下求索，试图寻找玩与学之间的平衡点，让学生的玩有方向、有章法。我尝试基于目标设计学习任务。以"中东"一课为例，中东远离学生生活实际，知识点碎片化、复杂，学生难以形成完整的地理视角，要让学生把知识学进去，是巨大的挑战。那么，我能否基于情境设计一个学习任务，驱动孩子把这些碎片化知识加以系统利用呢？

首先，我确立了目标。基于课标，结合考试说明的三个能力层级，我制定了更具体的、可操作的学习目标。然后，我进一步思考：学生需要思考哪些基本问题？预期要让学生达到的理解是什么？最后，我思考：学生掌握了预期的理解后，作为单元的学习结果，学生需要获得哪些重要的知识和技能？厘清上述问题后，对学生到底要学什么，学到什么程度，最终达到什么效果，我的心里已经有了答案。接下来，我试着根据目标去设计学习任务。关于中东，学生以往已经有所了解。这里战争频发,据此,我试图将教学融入这样的真实情境中。于是,我设计了这样的情境导入:"我国和平使者被恐怖分子挟持,需要学生化身军人,开展搜救任务。"

为帮助学生找到人质,我设计了3条依次展开的线索。结合"在世界政区图中概括中东地理位置"和"概括石油资源对本地区、世界经济的重要影响"两个学习目标,我设计了以下3条线索。1:恐怖分子从事石油贩卖生意,人质被绑架的位置位于"三洲五海"之地交界处。接到任务后,学生马上簇拥到世界地图前,寻找"三洲五海"之地,又找来世界石油资源分布图加以验证。很快,学生便锁定人质被挟持的地点位于中东地区。接下来,结合"在地区图中指出中东的位置、范围和主要国家,概括地理位置的特点,找出中东主要产油国"的学习目标,我又设计了线索2:据可靠消息,恐怖组织从事石油贩卖,正打算将一批非法获取的石油运往世界各地。请设计能够途径所有产油大国的搜救路线,加快锁定人质所在地。话音未落,学生便开始行动。他们说:"恐怖分子从事石油贩卖,那咱就找有石油的国家。"任务单、石油资源图都被充分利用了起来。结合"了解中东水资源分布特点和分布情况"这一学习目标,我引出了线索3:几名和平使者被挟持当天,正在参与一场学术论坛,并在网上发布了当地水资源相关图片,并配有文字:"这里的农业节水技术太先进了!"看到水资源相关图片,学生很快将线索中与气温、降水、河流有关的地图和资料搜索出来,总结出中东地区水资源匮乏这一现象。他们又在平板电脑上查询农业节水技术相关资料。经过探讨,他们将目标锁定为以色列。最后,学生分别设计了详细的解救线路图。

本节课的效果非常好。完成任务后,学生自发总结了导致中东地区战争不断的原因。更让我兴奋的是,学习并没有仅限于课堂。当晚,他们又在班级群里热烈地讨论起我国南海地区争端不断的原因。对意犹未尽的学生,我又推荐了《耶路撒冷三千年》《以色列:一个民族的重生》《我的应许之地:以色列的荣耀与悲情》等几本课外读物。同时,学生可结合过程性评价和终结性评价量规,评价自习的学习成果。

这堂课成功的奥秘是什么呢？我意识到，这是因为我找到了由学习目标通往预期结果的桥梁——核心任务。在接下来的教学中，我开始广泛运用核心任务设计教学。通过不断学习和探索，我认识到，设计核心任务应该注意以下几个方面：应围绕学习目标展开，应有挑战性和吸引力，应提供工具、经验和脚手架，应提供反思、重新考虑与修改的机会，应提供评估证据。

运用核心任务，再造教学流程

范冬晶

三年来，我和我的学生从六年级一起升到八年级，英语教材的内容、形式、难度都在不断变化，但有一个版块却一直存在，那就是"角色扮演"。

我一直在探索如何更好地去使用教材中的角色扮演。但我发现，无论我想出什么花样来学习这个角色扮演，学生总是很快就厌倦了。原因到底是什么呢？

我发现，无论用哪种方法带学生学习和操练角色扮演，学生都是在刻意学习，对话本身和学生的关系不大，根本原因是学习任务没有真实的意义。于是，我开始思考：如何让学习任务有真实的意义呢？或者说，如何赋予语言学习真实的意义呢？为了更好地站在学生的角度去理解他们，我又问自己："我当初是如何从头学会一门外语的呢？"我15年前开始学习英语，时间已经很遥远了，我想到了几年前在大学里学习法语和意大利语时的情景。

我的法语老师非常重视基础，从字母、音标、单词到句子，一点一点地教我们。期末考试时，只要大家背好书上的动词变位和句式，就能取得好成绩。而我的意大利语老师则非常重视交流。她会在课堂上创造各种各样的生活场景。比如，在餐馆吃饭，在国外旅行、留学等，并常用整节课的时间让大家进行场景下的对话演练。期末考试的形式是和老师一对一对话，只要对话中表达的内容丰富、自然，就可以得到好成绩。

后来，我有机会去欧洲留学，到了法国和意大利后，我惊奇地发现："我无法开口说法语，却会在需要的时候将意大利语脱口而出。"

回顾这两门外语的学习过程，我意识到，创设真实的情境才能赋予语言学习以意义。它让语言学习不再是机械操练，也不再是考试训练，而变成了对生活的再现、解释和探索。

当我努力回忆我的意大利语老师是如何在课堂上创设有真实意义的情境时，我想到了一个问题，那就是教师不应该基于经验主义对某位老师的课堂进行形式上的模仿。

如果想要真的理解外语课堂设计的灵魂，我需要找到扎实的标准和依据。我需要想清楚：我教学生学习外语是为了什么？于是，我仔细研读了英语学科的核心素养。

英语学科核心素养包括语言能力、思维品质、文化意识和学习能力四个维度。我对这四个维度的理解是：学生可以自信地说一口流利的外语；学会用英文的思维方式思考，多一个理解世界的角度；了解其他文化、尊重各国差异；最后，学会"如何学习一门新的语言"，可以再去学习其他外语。

于是，带着标准（核心素养）和目标（为外语学习创设真实情境），我和团队开始探索。教材中的"角色扮演"无非也是提示我们要运用情境进行外语教学，可是只用角色扮演的情境却无法与学生的生活产生真实联系，那么，就让我们主动去为每个单元寻找一节情境课吧。就像我的意大利语老师曾经做的那样，真的让这节情境课与学生的生活产生联系和意义。

八年级上学期，我们有一个单元是关于志愿者的。单元目标要求学生熟悉不同的志愿者岗位，掌握与职责相关的词汇、句式，能够谈论志愿活动。于是，我们思考：志愿者的话题能够和学生产生什么真实的联系？用怎样的情境可以让学生身临其境，真的对志愿者这个话题感兴趣？

这时，我们想到八年级开学时，学校为我们八年级学生举办的一个校园模拟招聘会，多家公司和机构的人力资源人员走进校园，给学生带来真实的面试体验。在这个活动的启发下，我们决定在本单元设置一堂模拟志愿者招聘会的情境课。我们要通过这次招聘会，为年级选拔合适的学生志愿者。

我们利用4个课时进行词汇、听说、语法、阅读、写作训练，进行知识和技能方面的铺垫，在第5个课时召开了志愿者模拟招聘会。这节课的前5分钟，我们回顾了本单元所学的志愿者岗位、职责等，然后用25分钟的时间进行志愿者招聘。全班25名学生中，5名学生负责招聘，其余学生负责应聘。每一名学生都会拿到一个提示卡。卡片正面是关于志愿者岗位的信息，背面则是需要用到的关键句型。提供提示卡既是为了帮助学生表达，也是为了让单元学习目标落地：让这节情境课不是为了招聘而招聘，而是更好地落实语言能力目标。最后面试官公布招聘结果，全班推选最佳面试官和招聘者，"最佳"分享经验。

面试官公布录取名单时，必须说明为什么录取这名应聘者。有的学生被不止一个岗位录取，被推选为最佳应聘者后，要与全班分享自己面试成功的经验。例如，应该如何做好自我介绍，如何凸显自己的优势打动面试官等。

然后，应聘者们又从5名面试官中投票选出了最佳面试官。这位同学要与大家分享如何做一个好的面试官。

这堂情境课很受学生欢迎，学生为什么喜欢这节课？

首先，招聘会真实有趣，能呼应学生在校园中的体验和经历，且具有挑战性，每个人都因想被录取而使出浑身解数。其次，招聘会上无论是面试官还是应聘者都与至少3名同学发生了深度对话。学生说："一整节课都在说英语的感觉真好！"最后，学生发现自己能够用英文完成招聘、应聘工作，非常有成就感。

从教师的角度来分析，这节课实现了学科育人的目标，培养了学生的人际沟通能力、自我表达和推销的能力。

那么，哪些地方可以做得更好呢？

情境的推出是在单元的最后一课时，作为单元知识的总结与实践出现。这个时间节点是否有更好的选择呢？

如果我们在单元起始时，就把"在志愿者招聘会上担任招聘者或应聘者"作为本单元的任务目标告诉学生，是不是能给学生带来更强的学习动力，也能够促使学生更加主动地去丰富自己的目标语言体系？

情境投放节点的滞后，真的是根本问题吗？

如果我们将招聘会作为核心任务，整个单元都为了完成这个任务做准备和铺垫，是否从一开始就会影响整个单元的结构安排和资源利用？

带着这样的思考，我们在教学实践中继续探索。

后来，我有幸聆听了沈祖芸老师关于单元设计与实施的分享。沈老师用学习目标、核心任务、评估量规、工具资源来概括单元设计的思路。这给我带来很大启发。我意识到这个单元的问题在于情境滞后，最后一节课的招聘会只是起了一个锦上添花的作用。如果我们能够将这个情境前置，让情境始终伴随学生对整个单元的学习，作为单元的核心任务驱动学生学习的全过程，效果肯定会更好。

"愚公移山"这一单元的单元目标包括了解中西方故事，能讲出要素完整的故事，并正确运用连接词使表达更清晰、有逻辑等。于是，我们确立了练习讲述一个完整的历史、童话故事为本单元的核心任务。这个核心任务将贯穿整个单元的教与学，而核心任务必须转化成真实情境才可以实现。于是，在单元起始我们就告诉学生，这周要进行一次年级的英语故事大赛，将情境铺设下去。

在单元课时设计方面，如果我们依然沿用以往的词汇、听说、语法、阅读、写作的思路，就会导致前几个课时与最后的核心任务联系不直接、不紧密。于是，我们围绕核心任务对单元进行了重构：从课文、阅读和课后习题中找出了四个中外经典故事——《愚公移山》《美猴王》《皇帝的新装》《糖果屋》。

无论故事在教材中是以听力、阅读还是习题的形式出现，每一节课的学习任务都是学会讲述这个故事。

分课时学习目标：一节课学会讲一个故事。整个单元的目标：参与年级讲故事比赛。优势：目标明确、清晰，易操作。

实施过程紧紧围绕单元目标。首先，我们通过微信和海报发布了单元核心任务，即英语故事大会。然后，在每堂课上发布子任务，即讲述一个故事。为了落实目标中的掌握叙事要素和运用连接词两个目标，我们每节课都要求学生通过阅读梳理出关键要素，并重点理解和赏析连接词的作用和用法。在资源与工具方面，我们为学生提供了叙事要素引导词，以及故事图片和关键词等。最后，我们还为学生提供了好故事的量规标准。量规重点体现了本单元的叙事要素和连接词的学习目标。在故事大赛的现场，有些比较羞涩的孩子不敢现场讲故事，就提前录制了视频，甚至把故事拍成了短剧。观众手中都有打分表，学生需要根据本单元的学习目标为每一个故事打分。一个好故事必须有完整的叙事要素，并运用了恰当的连接词，故事讲述逻辑清晰，层次分明。通过互评，我们再次让学生强化了对本单元学习目标的理解和掌握。

当单元设计思路从"为单元设置一节情境课"变成"借助情境，用核心任务再造单元流程"时，我们就会发现我们对情境的定位、情境的投放方式以及单元目标的实现路径全都优化了。

在这样的设计思路下，我们又有了更多的单元设计。围绕单元目标，我们设计了"我最想去的博物馆"评选、英文闲置物品义卖会、科学学习方法英文交流会等核心任务。

从对教材中的角色扮演如何处理感到困惑，到我们意识到真实情境对语言学习的重要性，到我们为单元设置一节情境课，再到我们运用核心任务再造单元流程，一路走来，我们发现，当我们面对一个新单元时，问自己的问题改变了。那就是，从"我们要学习这个单元，我们要如何学习这个单元"，变成了"我们为什么要学习这个单元，我们要实现哪些目标"。

当我们借助情境，用核心任务再造单元流程时，我们的目标变得更加清晰，对教材的处理变得更自如，课堂变得更有真实意义、更有教学效果；学生则学得更快乐、更有动力、更有实际成效。

用量规引导阅读

于海宁

语言是人际交流和思想传播的重要工具，是人类文化的重要组成部分，也是学生需要终身学习的基本素养。作为一门科学学科，将"科学实践"与"语言"融合，传达科学实践的理论和信息，无疑是化学学习的重要方面。科普阅读理解就有这样的作用。

有人说，科普阅读理解是"高起点，低落点"，主要考查学生接受信息、整合信息的能力，学生的得分应该会比较乐观。然而，事实真是这样吗？

科普阅读理解的"痛"

为了了解学生对科普阅读理解的真实感受，我们设计了调查问卷。

1. 你认为科普阅读理解困难吗？
   A. 困难　B. 比较困难　C. 不困难
2. 如果你觉得不困难，你有什么比较好的方法吗？
3. 如果你觉得困难，让你感觉最困难的是哪些方面？

将调查问卷收齐后，我们获得了以下结果（见表1）。

表1 学生对科普文段阅读理解的感受

我的感受	占比	典型理由
困难	33.3%	文章读不懂，无从下手
比较困难	46.7%	读文章和找到信息需要的时间长
不困难	20%	从文章中能够找到大多数问题的答案

从调查结果中我们可以看出，学生对科普阅读的感受很大程度上取决于能否读懂文章、从文章中找到所需信息的快慢。这与科普阅读理解考查的能力——获取信息与整合信息的能力也是吻合的。因此，帮助学生敏锐而清晰地把握文章、快速而准确地提取信息是提升科普阅读能力的关键。

科普阅读量规1.0版本——引导方向

了解痛点后，我们尝试寻找一种能帮助学生提升科普阅读理解能力的策略。我们想到了量规，有效的量规能够指导学生掌握科普阅读理解中所需要的知识和能力。我们从量规的示范级入手，编写了第一版的科普阅读量规（见表2）。

表2 初中化学科普阅读量规1.0版本

等级\维度	示范级	合格极	请改进
知识能力	1. 我能快速梳理出科普文段的结构 2. 我能敏锐体会文段大意 3. 我能理解文段中提到的数据处理方式	（略）	（略）

第一版的科普阅读理解量规重视梳理文段结构、体会文意、重视数据处理方向，但描述得比较笼统、不够明确，指导意义不够强。

科普阅读量规 2.0 版本 —— 明确途径

为了进一步改良量规，我们需要对知识能力的表述进行细化。

对文段结构，通过参考近几年科普阅读理解的文段可以发现，大多数文章属于并列式或递进式，因此，我们把典型的文段结构写进了量规中。

对文段大意，我们要明确的是科普阅读理解的文段要传达的到底是什么。如果说记叙文要传达的是记人叙事，议论文传达的是说理论证，散文传达的是抒情言志，那么科普文要传达的就一定是科普信息。进一步说，化学类科普文段传达的应该是化学的学科概念和学科观点。大量科普文段也印证了这一点。那么，化学的学科概念和学科观点又是什么呢？化学是研究物质的组成、结构、性质和变化的学科，这应该就是化学类科普文段主要传达的信息。

对数据处理方式，我们也要进一步追问：常用的数据处理方式有哪些？数据是为了说明什么问题？我们应该从数据中获得什么？在回答这些问题的过程中，我们可以梳理出目前科普文段中数据处理方式的一些规律：大多采用柱状图、曲线图等图形或数据表格的呈现形式，我们可以通过寻找变量、分析变量、对比变化趋势等途径来探究变量对主体问题的影响。

基于我们对文段结构、文段大意、数据处理方式的进一步研究和归纳，我们得出了第二版量规（见表3）。

表3 初中化学科普阅读量规 2.0 版本

等级 维度	示范级	合格级	请改进
知识能力	1. 我能快速梳理出科普文段的结构，如并列式、递进式等 2. 我能敏锐体会文段大意，理清重要物质的组成、结构、性质和变化规律 3. 我能理解文段中提到的数据处理方式，能在柱状图、曲线图、数据列表等典型图表中寻找自变量、因变量和各变量之间的影响关系	（略）	（略）

第二版的量规能够比较好地指导学生明确在科普阅读环节中需要努力掌握的知识和能力。但如果我们依据马扎诺教育目标分类学中的标准去反思，我们就会发现，知识和能力目标还仅仅停留在认知层面，我们需要帮助学生在学习中触及元认知策略和自我系统。于是，我们补充了新维度，引导学生懂得学习的自我系统和元认知策略的重要性。于是，第三版量规在探索中诞生。

科普阅读量规 3.0 版本——完整维度，完善描述

沿着我们的思考路径，我们首先想到的是，学生在获得对知识和能力的认知后，应该开启对科普文段阅读策略和方法的学习。于是，我们首先提出相对比较合适的阅读策略，即从整体到细节的阅读方法和习惯，引导学生先宏观把握文段结构，再分析细节。

知己知彼，百战不殆。试着引导学生梳理、总结科普文段阅读理解的考查逻辑，可以让阅读变得更加聚焦，让学生在答题更加从容。

我们相信，以上策略和方法能够帮助大多数学生，当然我们更加相信学生可以找到适合自己的策略和方法。

有了认知，有了元认知，我们希望触及自我系统。对科普文段阅读，我们或许可以因为喜欢其内容、欣赏其逻辑、认可其重要性而具有坚定的追求。这或许能成为学生更长久、更深层次的内动力。

于是，我们梳理出了分为观念目标、知识能力、策略方法三个维度的第三版量规（见表4）。

表4 初中化学科普阅读量规3.0版本

等级 维度	示范级	合格级	请改进
观念目标	1. 我对科普阅读文章的内容感兴趣，能体会到科普文章严谨的逻辑之美，认可科普阅读文章对科学普及所起的积极作用 2. 我愿意积极主动地涉猎更多科普文章，既有坚定的满分追求，也有持续的阅读动力	（略）	（略）
知识能力	1. 我能快速梳理出科普文段的结构，如并列式、递进式等 2. 我能敏锐体会文段大意，理清重要物质的组成、结构、性质和变化规律 3. 我能理解文段中提到的数据处理方式，能在柱状图、曲线图、数据列表等典型图表中寻找自变量、因变量和各变量之间的影响关系	（略）	（略）
策略方法	1. 我有先宏观把握文段结构、后关注分析细节的阅读方法，能够根据实际情况合理运用粗读、细读的策略 2. 我能梳理、总结出科普阅读理解的考查逻辑，如直接提取信息、整合信息书写化学方程式、识别图文中的变量和变量关系、综合选择、提出建议等 3. 我能逐步形成或改进自己的科普阅读策略与方法，包括阅读、做题、改错等	（略）	（略）

这一版的量规有了比较完备的三个维度和"示范级"描述，剩下的工作就是对应示范级完成"合格级"和"请改进"中的行为描述。在描述时，我们注意了这样几个方面。

1. 基于"示范级"的表现，进行对应的、平行的描述。

2. "示范级""合格级"和"请改进"三个层级间有明显区别，并尽量涵盖不同的表现。

3. 描述时的用语应该是叙述性的，而非评价性的，尽量给学生一种有区别、无偏见的感觉，有些小俏皮也挺好。

最后，我们整理出的最终版本如下（见表5）。

表5 初中化学科普阅读量规最终版本

等级\维度	示范级（很有一套耶！）	合格级（相当不错呢！）	请改进（加油哦！）
观念目标	1. 我对科普阅读文章的内容感兴趣，能体会到科普文章严谨的逻辑之美，认可科普阅读文章对科学普及所起的积极作用 2. 我愿意积极主动地涉猎更多科普文章，既有坚定的满分追求，也有持续的阅读动力	1. 我对科普阅读文章不排斥，承认其具有一定的科学普及作用 2. 我一般不主动涉猎科普文章，但在特定时间、特定场合有不错的阅读动力，能得满分很高兴但不强求	1. 我不太知道科普阅读文章的意义和作用，没有特别的感觉 2. 我觉得科普阅读文章比较枯燥，没什么阅读动力，做题时有些力不从心
知识能力	1. 我能快速梳理出科普文段的结构，如并列式、递进式等 2. 我能敏锐体会文段大意，理清重要物质的组成、结构、性质和变化规律 3. 我能理解文段中提到的数据处理方式，能在柱状图、曲线图、数据列表等典型图表中寻找自变量、因变量和各变量之间的影响关系	1. 我能在提示下梳理出文段的结构 2. 我能大概体会文段大意，找出重要物质，但难以准确理清其组成、结构、性质和变化规律 3. 我能理解简单的数据处理方式，但对比较复杂、变量较多的图表感觉吃力	1. 我不太明白文段结构，需要老师或同伴帮忙 2. 我对文段大意认识模糊，大概能知道文段提及的重要物质 3. 我不擅长理解数据图表，有点儿不知所措
策略方法	1. 我有先宏观把握文段结构、后关注分析细节的阅读方法，能够根据实际情况合理运用粗读、细读的策略 2. 我能梳理、总结出科普阅读理解的考查逻辑，如直接提取信息、整合信息书写化学方程式、识别图文中的变量和变量关系、综合选择、提出建议等 3. 我能逐步形成或改进自己的科普阅读策略与方法，包括阅读、做题、改错等	1. 我经常选择先认真阅读文段再做题，或是先看题再认真阅读文段的单一策略，不太能够灵活运用粗读、细读等不同的策略 2. 我能模糊意识到科普阅读理解有一些考查倾向，但没有好好梳理过 3. 我有一些自然而然形成的策略和方法，但还没有进一步反思、改进	1. 我一般不读文段，还没有意识到阅读策略的作用 2. 我不清楚什么考查倾向，见招拆招吧 3. 我应该有自己的策略和方法吧，虽然我可能说不清楚

结语

总结出科普阅读理解的量规，缘于科普阅读理解的"痛"，但引领的却不仅仅是做题，更是学生科普阅读理解的能力、策略和内动力。对科学信息的不断捕捉、不断吸收是终身学习能力的重要组成部分。因此，科普阅读理解量规，能够在一定程度上帮助学生发展科学意识、培养科学精神和提高学习力。

对托物言志类单元设计的思考

蒋莺春

下面跟大家分享的是托物言志类散文单元学习的设计及思考。这是部编版《语文》七年级下册第五单元的教学内容和导语。

教学内容：《紫藤萝瀑布》《一棵小桃树》《外国诗二首》《古代诗歌五首》。

导语：王国维在《人间词话》中说："以我观物，故物皆着我之色彩。"诗文中描写的景物往往浸透着作者的情感，所以我们能够在山水溪泉中听见回荡的心声，在花草树木间发现人生的影子。

这是一个托物言志类的诗歌与散文单元。为了能够让学生更聚焦散文这一文体和托物言志（或说状物抒情）这一散文类别，我们选择对这一单元进行重构，诗歌暂时不讲，而是补充一些名家的托物言志类散文篇目，并将这一单元主题确立为托物言志类散文单元。诗歌部分日后再集中学习。

以下是这个单元可以重点落实和体现的内容：

1. 能够区分写实作品和虚构作品，运用诗歌、散文的文体知识，整体把握诗歌、散文内容，体会作品思想感情。

2. 欣赏文学作品，有自己的情感体验，初步领悟作品的内涵，从中获得对自然、社会、人生的有益启示。

3. 品味作品中富于表现力的词语、句子，能结合语境说出其表达效果。

结合具体的教学内容，我们制定了本单元的学习目标，并从目标中凝练出本单元的几个具体化的语文核心素养：本质思维与多元思维；内省精神，注意这里的"内省"不是自我批判，而是一种积极、愉快、建设性的反思；对散文有表现力的文字进行审美感受与鉴赏。

教学内容指向核心素养，那如何指向呢？这需要我们找到两者之间的桥梁。这个桥梁将是引领教师与学生学习过程的关键，也就是大概念。那么，哪个大概念可以贯穿本单元具体的教学内容和本单元具体化了的核心素养呢？王国维先生对散文的洞见——"以我观物，物皆著我之色彩"给我们带来启发，借此我们找到了本单元的大概念，即"散文中的客观事物是作者寄托情感和态度的载体"。学生只要能够理解这一大概念，就势必会品析有表现力的文字，透过物象把握情感，获得物之美、情之美的体验，进而在他人的经验中激发自身的内省精神。对这一大概念的理解越深，学生的素养能力就越强。然而，大概念较为凝练、抽象，如何能让学生理解或者深化认识呢？这就需要我们提出通俗易懂的、对应大概念的核心问题。学生可以在回答问题中不断逼近大概念，深化理解。

为了帮助学生解决核心问题，我们设计了核心任务。1.0版的核心任务是让学生解读指定的一篇托物言志类散文。这一任务的优势是高效，但学生没多少兴趣，因为此类任务过于聚焦知识、技能，缺少真实情境与自主选择，不能激发学生的内动力。

于是，我们将其升级为2.0版：让学生从自己喜欢的托物言志类散文中选一篇或几篇，撰写评论性文章，参与"见物如面，我是解读者"大型阅读分享会，登台朗读评论性文章。变指定为自主选择，给了学生更广阔的空间。另外，这个任务具有一定的复杂度，学生只有综合运用语文核心素养所体现出的能力才能完成。有了情境，学生的内动力大幅度提升，更满足了一些学生自我展示的需求。后来，我们又发现，不同的学生需求不同，于是我们为学生提供了更多选择。比如，在保留分享会的同时，增加相关产品展卖会（评论性文章、阅读方法导图、海报）

等。此外，优秀作品还有机会被杂志刊登。核心任务的不断进阶，使我们感到一个好的核心任务应该集复杂性、真实性、驱动性和可评估性为一体。

为了达成核心任务，我们设计了几个环环相扣、层层递进的子任务。子任务一：初体验。在完成这一任务时，学生要进行托物言志类散文群阅读，并挑出自己最动心的一篇或几篇。这一过程不需要深入解读，主要出于喜爱和对美的初步感受。在集中的主题阅读过程中，学生不仅可以扩大阅读量，而且可以对状物抒情类散文产生整体认知。这类文章不直接表达作者的情感，而是通过物来表达情思，也就是托物言志。然后，进入子任务二：往深里学。学生选出自己喜欢的文章后，如何更深入、多元地解读出物背后的情，并高质量地参与核心任务呢？子任务二依托《一棵小桃树》和《紫藤萝瀑布》这两篇各具特色的托物言志类散文，引导学生分别着重从提有价值的问题和语言品析两方面自主探讨与总结，生成解读此类散文的策略。如在《一颗小桃树》的精读课部分，教师引导学生生成以比较思想为核心的解读此类文章的学习策略，帮助学生自主梳理从明显的物到内隐的情的思维路径。

在引导的过程中，我们设计了四个策略，利用三个大问题层层推进。

问题1：这是一个怎样的物？

问题2：作者何以要写这样的物？

问题3：作者表达的只是一种同病相怜的情感吗？

四个策略如下。

策略1：针对第一个大问题，利用抓关键词细品情味的方式让学生抓住所写物的特点。

策略2：针对第二个大问题，利用思维导图、相机提供作者背景资料的方法，引导学生在物、人的比较中寻得彼此间的联系。

策略3：针对第三个大问题，利用小组内自问自答的方式深入探究"异"，以寻求作者的丰富情思。这是难度最高的部分。反思自己的学习路径，深入理解绕不开通过思考不同维度、有价值的问题层层深入。传统教学中提出好问题的往往是教师,现在教会学生自己提问是关键,但如何提问题呢?

策略4:提供旨在帮助学生学习本类散文时提出好问题的策略。搭的支架就是让孩子基于文本,围绕自己发现的不同或者变化提问,不局限于一个维度,而是从多个维度来助推思考。同时,给学生提供好问题的标准。学生通过讨论、回答自己提出的问题来探求作者的情感。比如,关注文章旁批中的问题,和正文联系起来思考,就能发现作者隐蔽的情感。当然,这类有价值的问题越多,将它们联系起来深入思考,学生对文本的理解就会越深入、越多元。这实则是在锻炼学生的深入阅读力和多元思维力。

子任务二的第二个部分是《紫藤萝瀑布》的精读课。这部分偏重生成散文语言品析方面的策略,以帮助学生深入鉴赏散文语言之美,并深化对托物言志手法的体会。由此,子任务二所生成的策略都将应用于子任务三:解读学生自己喜欢的托物言志类散文。学生在进行方法的迁移与应用中,在自主解读作品的过程中实现综合感悟与认识升华。

吃葡萄不吐葡萄皮？

李海洋

很多老师都有这样的困惑：学生都说上课听明白了，但是一到考查实际问题时就会出错，这是为什么？原因是课堂知识与实际情境脱节。要想使知识与实际情境有效关联，有没有什么灵丹妙药呢？

吃葡萄不吐葡萄皮？——痛点

这源自对北京市 2017 年中考情况的反思。北京市海淀区在"化学与社会发展"模块的得分比北京市平均分要低。其中一道题如下：

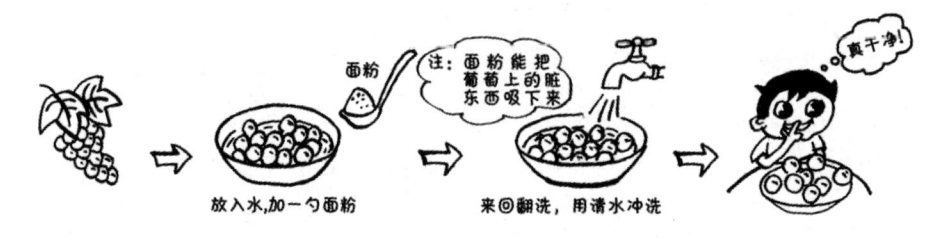

下列说法正确的是_____（填序号）。

A. 面粉有利于去除葡萄皮上的脏东西

B. 清洗干净后，建议吃葡萄不吐葡萄皮

C. 葡萄富含糖类物质，糖尿病人不宜多食

这是为什么？

我们常说"吃葡萄不吐葡萄皮"，那么到底吐不吐葡萄皮？这道题提供的信息很明确——面粉能洗掉脏东西，图中也写出了"真干净"的提示，很多学生还是选错了。这反映出一个问题，那就是当学生在遇到实际问题时，不知道如何去运用知识。这时，知识和真实情境就是割裂的。所以，实际上问题变成了：如何使知识与实际情境相连？

吃下"葡萄皮"需要哪些条件？—— 策略

化学核心素养要求学生具备"宏观与微观""变化与平衡"的思想。课标中明确提到"运用比较等方法对信息进行加工"，"能用变化和联系的观点分析常见的化学现象"。具体到学习目标，课标要求学生"能从多角度关联分析实际情境问题"和"能关联解释新情境中的现象"，这些论述中提到两个很重要的词——"关联"和"解释"。

关联的，是学科知识与实际情境；解释的，是生活现象背后的化学原理。

那么，如何将课堂知识与实际情境相连呢？教师可以在课堂上，在讲授知识的时候，借助实际的情境来实现。这样，获得知识的过程就是从实际情境中生成的过程，知识和情境就不再是割裂的，而是一个有机的整体。

情境的运用过程分几个层次。这里我们用"分子的性质"这节课作为例子来说明。分子有三大性质：分子很小，分子不断运动，分子之间有间隔。

开始，我们的课堂只是将情境作为引子。比如，课本中只是拿生活中的红墨水扩散作为引子，后面的内容与实际联系不大。

后来，我们把情境当成一种提示，时不时就去靠一靠。比如说，讲到"分子不断运动"时，就用生活中能闻到花香作为例子。但这个情境也只是对应"分子不断运动"这个性质，讲到别的性质时还得用别的例子。一堂课下来多个情境碎片化地呈现，让学生应接不暇，效果不好。

适合课堂的情境能将本节课主要知识串联在一起，并不断与这节课的知识内容形成互动。于是，我们找到了"干冰泡泡"这个实验。其中的现象既解释了"分子很小"和"分子不断运动"，又解释了"分子之间有间隔"，同时还可以渗透一下干冰的相关性质。这样，"分子特征"这一块知识就形成了有机整体。

情境的使用方法不同，效果也不尽相同。有的就是一个药引子，用完就可以扔掉；有的成为在你耳边的声音，时不时要"听"一下；而好的情境、题材会成为学习的动力，促使学生生成新知识、新能力。

把"葡萄皮"吃下去 —— 利用真实情境的教学实践

借助真实的情境教学，可以让知识与实际更好地连接。因此，我用"二氧化碳"这节课来实践真实的情境教学。二氧化碳的性质这部分内容比较枯燥，光背方程式学生肯定不愿意学。于是，我借助雪碧形成的情境来探究二氧化碳的相关性质和用途（见下表）。

情境中的实际问题与知识点

实际问题	知识点
汽水中的气体是什么？	二氧化碳的颜色状态
二氧化碳是如何进入汽水中的？	二氧化碳的溶解性
为什么叫"碳酸"饮料？	二氧化碳和水反应
摇一摇为什么会冒泡？	碳酸的分解
雪碧的酸碱性如何？	碳酸的酸碱性

课标要求学生掌握二氧化碳的物理、化学性质和用途，我们把它们

分解到具体的知识点。我们还可以通过一系列真实的问题（也是学生想知道的）关联每一个知识点。有一些问题还能引申出别的知识点，从而再引发别的实验，所以，我们让学生做了"自制碳酸饮料"的实验，学生非常喜欢。

吃下更多的"葡萄皮"——真实情境的要素与实践推广

什么样的情境算好的情境？

首先，好的情境能激发学生的兴趣，使学生主动浸入。

其次，真实的情境需要服务课堂，要和课堂紧密相扣，也就是要和目标紧密相连。一个好的情境既是线索又是抓手，它既要把这堂课串起来，又要随时与知识点进行互动，以帮助学生进行落实。

最后，这个情境不能很生硬、很直接。如果把学生按在那里，告诉他们这是什么什么，学生变成了填鸭式地接受情境，那就没有什么意义。要用现象去启发学生，激发学生去思考、联系和解释，促进学生认知能力协调发展。

我们尝试在更多课堂上运用真实情境。比如，用液氮冰淇淋讲"氮气"，用鉴别真假黄金讲授"金属的化学性质"，用营养午餐落实"六大营养素"，以"制作风暴瓶"为线索巩固"饱和溶液与溶解度"，这些尝试都取得了良好效果。

一面打开学习的墙

徐妍

老师,你在课堂上是否遇到过这样的情况:提出的问题要么无人应答,要么所有人都会回答?课堂上总是那几个学生发言?你焦急地等待着某个孩子说出你心中的答案?请回忆一下你是否使用了这样的对话模式:教师提问,学生回答,然后教师做出评价?

我就遇到了以上问题。一年级的时候,学生很喜欢提问,可随着年级的升高,爱提问的人少了。同时,对我提出的问题,许多孩子保持沉默,一些积极举手的孩子则出现不假思索、答非所问的现象。通过反思,我找到了答案,这是因为教师控制了课堂。

于是,我鼓励学生走上讲台,让他们成为"老师"。这一改变调动了学习积极主动那部分学生的兴趣,但一部分学生依然是被动的。很显然,无论是让教师还是让能力较好的学生来教,形成的都是相互说和相互教的关系。相互教的关系不能激发多数学生的思考主动性,他们还是处在被动接受的状态。

如何激发孩子自主思考的意识呢?智力要发挥功能,必须由情感来驱动。一次,我看到一篇让孩子大胆提问的文章,我想:"我也可以大胆尝试。孩子天生具有好奇心,它驱动学习发生。"

在"春天"课程里,我和学生一起阅读《自然科学童话》这套书。书中生动的故事、丰富的科学知识、精美的图画,激发了学生对大自然的好奇心。一天午间共读时,我们阅读的是《最勤劳的昆虫——小蜜蜂的一天》。以往共读时，我和学生围坐在一起，个性化朗读和共读结束后，我会提出几个相关问题由学生解答。这次，我让学生根据自己的兴趣发问。出乎意料，学生的问题接踵而来："工蜂都是雄的吗？""为什么只有一个蜂王？""雌蜂为什么可以不劳动？""所有幼虫都吃蜂王浆，为什么只有一个成了新蜂王？"……有了问题就需要解答，在提问、解答的过程中，学生的思考随着不断质疑逐渐深入。

喜欢提问的宇辰在黑板上画了一个图形，他问："为什么蜜蜂的家是这样的？"数学很好的容博说："这是六边形。"喜欢阅读的朵朵问："为什么是六边形的？""因为六边形很牢固。"喜爱科学的图图说。"那为什么六边形最牢固啊？"楚峰问。"可能是因为六边形正好可以让一个蜜蜂住在里面。"想象力丰富的玉凡说。"那正方形也能住进去一只蜜蜂。"容博又质疑。"因为六边形很漂亮。"画画很好的熙熙说。"圆形也漂亮，为什么不是圆形的？"同样喜欢画画的榕榕说。一石激起千层浪，每个学生的发言都是由别人的发言触发，学生的兴趣点、知识结构、关注点各不相同，互动让答案变得更加多元。

面对争执不下的问题，我灵机一动："正好可以趁机引导孩子学习解决问题的方法。"于是，我把这个问题写在黑板上。"这个问题问得特别好，目前我们谁也不能说服别人，我们想知道答案应该怎么办？"学生又七嘴八舌地说起来，"问别人""回家找书""回家问爸爸妈妈""回去上网查一查"等答案相继出现。我很欣慰，这表明学生正在前往自主学习的路上。于是，当天的任务便是阅读老师提供或者自己查找的资料，自主研究"蜜蜂的家为什么是六边形的"。

第二天再次讨论时，图图画图给大家讲："因为三角形是最牢固的，六边形是六个三角形组成的，所以也很牢固。"浩楠也用画图的办法，他边画边讲："一个六边形周围还可以画许多一样的六边形，能无限画下去。"朵朵拿着自己手写的资料讲："因为同样长度的时候六边形的面积最大。"三位学生在讲的时候，其他学生听得很专注。三人解答完后又是一阵质疑声："为什么三角形最牢固？""正方形也可以无限画下去。""为什么六边形面积最大？"学生联系自己的经验和当下的学习不停发问。我也在恰当的时间抛出问题："谁能想办法证明三角形最牢固？真的是六边形面积最大吗？"显然，对未知的探索还在继续。一个本来以练习朗读和拓展阅读为目的的午间读书活动，随着孩子的提问逐渐变成了一场融合多学科知识的研讨会。学习就是构成意义与关系的主体自身不断解构、不断重建的过程。孩子在设问和互动中重新编织与教师、与同伴的关系，同时也在不断地重塑自我。

这次成功的尝试后，我启动了小叶子班"提问墙"活动。任何人在任何时间都可以提出任何问题。学生将自己提出的问题写在便签上，贴到"我爱提问"的提问墙上。每个人都可以去看别人提出的问题，也可以解答别人的问题。

于是，学生在生活中遇到的问题就会出现在提问墙上。"银杏树上掉下来的是什么？有什么用？""为什么松鼠喜欢吃橡子？""蝴蝶的平均寿命是多少？""为什么蝴蝶有翅膀？""蝴蝶吃什么？""蚕宝宝会钻土吗？他们在茧子里是睡觉吗？""蚂蚁是益虫还是害虫？"这些问题来自生活，也和我们的"春天"课程紧密相关，借此学生对自然和生活的关照变得更加细腻、深入。

在"大地、海洋、星空"课程的开启课上，我准备了一张大大的世界地形图。学生们看一看，摸一摸，顿时来了兴趣。"这张地图是高低不平的。""这里高，这里低。""这片绿色是什么？""大海的颜色为什么有深蓝有浅蓝？"……在我讲述了自编的关于地球的故事后，他们更有积极性了，不停地举手问我各种各样的问题。于是，当他们听到"可以把问题写下来贴到这张大地图上"时都异常兴奋，因为贴问题的学生太多，地图前还形成了拥挤局面。

放手让学生提问后我看到了这样的问题："如果在大地上挖一个洞，洞会挖到哪里？""大地为什么会发生地震？""最大的海洋在哪儿？""星空中有多少个星座？""没有海，世界会怎么样？""大海为什么是蓝色的？""大地是怎么形成的？""虫洞里面是什么样子？""真的有外星人吗？""太阳还能存在多久？""太阳为什么是圆形的？"……孩子的好奇心被激发了。

随着课程的开展，我又启动了"问答达人榜"活动：解答问题者获得2颗奖贴，出题者获得1颗奖贴，每5颗奖贴可以兑换"龙娃"贴一枚。显然，游戏的"潜规则"是提出的问题越多，越有机会被别人解答，得到奖贴的机会越大；想办法解答问题获得的奖贴更多。这需要学生做出选择，小小的奖励让活动具有了游戏精神。每周，我们利用午休时间开展"问答达人榜"活动。学生带着自己查找的资料与同学交流，其他学生也会在认真倾听后，或者进行补充，或者提出自己的问题。

渐渐地，提问的学生多了，可有些问题总是无人解答，因为这些问题超出了学生现有的认知水平。我再次思考：应该把提问局限在最近所学的知识上吗？很快，我打消了这个念头。目前，孩子需要的是一个打开思维的平台。如果限定范围，学生的思维就会被禁锢。虽然现在不知道答案，但他们可以不断地思考和探索。为了打开思维，提出问题比寻找答案更重要。于是，我总是从学生的提问中找到闪光点进行鼓励。安全的提问环境让学生敢于打开思维。慢慢地，我发现从前默默无闻的一些学生，敢于主动提问了，收获了自信。喜欢探索的孩子，则更乐于去解答同学的提问，甚至对问题本身进行质疑。

与学习有关的挑战，要与学习者的兴趣和资质匹配，提问就是如此。若问题来自教师，当它与学生的兴趣和资质不匹配时，学生势必就会处于被动接受的位置。被动的学习意味着不断结束，而真实的学习却是不断开始，学生在原有认知基础上提出问题、解决问题进而引发新的问题。学生的问题推进着课堂教学，在不断的解构和重构中，学习得以真正发生。

巧用工具，将阻力变助力

孟祥玉

在日常教学中，为提高学生引体向上的能力，教师常用的练习方法主要有俯卧撑、仰卧悬垂臂屈伸、教师辅助引体等。我在初三男生上肢力量的教学中也采用了以上练习方法，但在对男生进行引体向上考核时发现，学生的引体向上能力依然较弱，与国家体质测试和中考体育满分的标准还有较大差距。通过对这些练习方法的动作原理的分析我们可以发现，有些练习对引体向上的作用并不理想。通过实践探究我们发现，利用弹力绳来辅助学生进行引体向上练习效果较好：学生短期内成绩提高明显。

直面痛点，反思策略

上学期，在接手九年级的前两个月，我运用了俯卧撑、仰卧悬垂臂屈伸、教师辅助引体等练习方法指导学生进行上肢力量练习，但在两个月后的测试中发现，男生引体向上的成绩仍不理想，与初二下半年成绩相比基本没有进步，并且还有多个学生连一个标准的引体向上都完成不了。这是我前两个月教学的痛点。导致学生进步较慢的原因是练习量不够，还是练习方法不恰当呢？通过平时对学生在课上情况的观察及与家长的沟通，我了解到学生在校期间和回家后都能完成教师布置的练习。

这样一来，原因可能就是练习方法上还存在不足。于是，我结合引体向上的发力肌肉部位来分析我使用的练习方法。

常用练习方法 1：俯卧撑

俯卧撑是力量素质训练的重要方法之一。这一练习在体育教学、训练以及个人锻炼中经常使用，主要用来提高上肢、胸部、腰背和腹部的肌肉力量。分析动作结构和练习部位可发现，俯卧撑主要锻炼的肌肉群有前锯肌、胸小肌、胸大肌、肱三头肌、肘肌、三角肌前束和喙肱肌等，而引体向上所需要发力的肌肉为胸小肌、菱形肌、背阔肌、胸大肌、肱肌、肱二头肌、前臂屈肌群。

可见，俯卧撑练习对学生提高上肢肌肉群力量有较大帮助，但其练习到的肌肉群与引体向上发力的肌肉群存在差异，如菱形肌、背阔肌、肱二头肌等就练习不到。另外，俯卧撑肌肉发力方向为离心方向，而引体向上的发力方向为向心方向。虽然俯卧撑和引体向上都是练习和考查学生上肢力量的重要方式，但如果把俯卧撑作为提高引体向上能力的主要练习方法就不会很有效。

常用练习方法 2：仰卧悬垂臂屈伸

仰卧悬垂臂屈伸主要练习握力、前臂小肌肉群、肱二头肌、三角肌、大圆肌、小圆肌、肘关节屈肌群等。这种练习方法对上肢肌肉的练习与引体向上基本相同，发力的方向也同样为向心方向。这是学生初期练习引体向上时较好的辅助方法，对上肢屈肌力量较弱的孩子有较大帮助。

但是，体质测试和中考体育考核的引体向上要求学生在具备一定上肢力量的同时，还要结合腰腹肌的配合摆动才能更好地完成标准动作。所以，对已经具备一定能力的学生来说，仰卧悬垂臂屈伸缺少了身体的摆动练习，无法达到更好的练习效果。

常用练习方法 3：教师辅助引体

教师辅助是提高学生引体向上能力最直接的练习方法。这种方法通过教师的辅助力量来减少学生做引体向上时手臂所需要对抗的自身重量，从而增加学生单次练习完成的引体向上个数，促进学生胸小肌、菱形肌、背阔肌、胸大肌、肱肌、肱二头肌、前臂屈肌群力量的全面发展，提高学生引体向上的能力。

但课堂上教师的精力有限，如果仅靠教师一人进行辅助练习，学生的练习密度和练习强度是达不到要求的；同时，如果教师只进行单项目辅助，练习其他项目的学生就不能得到关注，练习效果会大打折扣。我曾尝试让学生相互之间进行辅助练习，但辅助的学生时常会用力不均，与练习的学生身体摆动节奏不符，练习效果不佳。

总之，这些练习方法都是提升上肢力量、促进引体向上能力的有效方式，但也都存在不足，对提高学生引体向上能力来说都不够高效。如果有个工具既可以替代教师的推力，又能解放教师的双手，会不会提高练习效率和练习强度呢？

我想到了上学期常用的辅助工具——弹力绳。之前运用弹力绳指导学生练习，主要是通过让学生对抗弹力绳的反向拉力（阻力）来提高他们的肌肉力量。能不能让弹力绳的拉力方向与学生做引体向上时手臂拉力方向相同，来减少学生练习时手臂所对抗的自身重量，以提高单次练习的个数和练习量呢？我决定尝试。

直击痛点，巧用工具

我将两根长度相同、个数相同的弹力绳固定在单杠杠面上，固定点稍宽于学生的握距，弹力绳下端绑有脚蹬，脚蹬距杠面的距离小于学生双手握杠悬垂时双脚距杠面的距离。当学生双脚踏入脚蹬后，弹力绳被拉长，产生了向上的拉力。开发了新工具，是否真的有效还需要进一步检验。通过个人的体验及学生的反馈发现，通过这种练习方法训练肌肉的部位更加精准。借助弹力绳的拉力，学生单次完成引体向上的次数大幅增加，信心得到增强。

学生在练习引体向上时，通过弹力绳的拉力降低用手臂对抗的自身重量，可以提升单次练习完成动作的次数，让相应部位肌肉完成更多标准的收缩做功，促进背阔肌、肱二头肌、肩胛骨周围小肌肉群的发展。另外，弹力绳固定在学生身体两侧，与身体基本为平行关系，不会对学生身体摆动产生干扰。此外，还可以根据学生的不同水平进行分层练习，能力越弱，辅助练习的弹力绳个数越多，长度越短；能力越强，辅助练习的弹力绳个数越少，长度越长。这样可以使不同水平学生的引体向上能力都得到提升。

这种方法得到学生的良好反馈，又具备相应的理论支撑，于是，我运用这一方法指导学生进行了一个月的练习。经过一个月的教学实践，我对这些学生进行了测试。参考中考体育标准，学生的引体向上由平均4.63分提升到8.85分，证明这种练习方法是高效的。

在体育教学中，身体素质、运动技能是经过长期、适宜的运动量和练习次数积累才得以提高的，在这一过程中，练习方法是影响练习效果的重要因素。在明确了身体素质和技能提升的方向后，我们就要寻找更适合的练习方法。常用的练习方法是我们对前人经验的借鉴，在使用过程中我们要明确它们的效用，并在此基础上充分利用现阶段良好的运动器材条件，科学开发，使体育教学中的练习方法和组织形式变得更加高效，更有针对性。通过对工具科学、合理的开发，让练习方法更有针对性后，课堂将变得高效。

巧用情节曲线撬动阅读和写作

田晓萌

作为语文教学的重要内容，阅读和写作关系非常密切，阅读是写作的重要源泉之一。

直击痛点，寻找原因

在阅读和写作训练中，学生总会遇到这样的难题："用简练的语言概括文章的主要内容。"这样的题目，学生往往特别容易丢分。教给孩子一种又一种概括文章的方法，似乎都因为方法机械而没什么起色。问题的核心是学生抓不到关键情节和关键词。这样的问题也出现在记叙文写作上，文章结构是流水账，内容是白开水。目前，在学校丰富课程的浸润下，学生的表达欲望非常强烈，在考场上写下五六百字的作文不是问题，但文章内容面面俱到，没有波澜起伏的情节，更没有抓人眼球的亮点。认真分析后，我们认为一个重要的原因就是学生对关键情节把握不到位，这方面的训练相对薄弱。

那么，如何培养学生把握关键情节的能力呢？

课标引路，研读教材

《义务教育语文课程标准》对五年级学生获取信息的能力提出了明确要求：第一，能提取重要细节和关键语句；第二，能筛选关键性信息；第三，能整合相关信息。这几种能力相互配合，才能完成"概括主要内容"这样的难题。

面对课标的要求和教学中的困境，五年级语文教研组的老师从研读教材开始。我们看到，北京师范大学版《语文》五年级上册中的6篇记叙文分别是《迟到》《唯一的听众》《献你一束花》《成吉思汗和鹰》《生死攸关的烛光》和《"诺曼底"号遇难记》，它们与校本共读书目《西游记》的共同之处是：故事波澜起伏、一波三折；矛盾冲突较为激烈。如果我们依然按照传统的教学方式，让它们散落在各个单元中，那么我们要解决的概括文章主要内容的学习目标就会被弱化。于是，我们决定，重构教材，将这些课文编成一个教学单元，并用共读《西游记》加以辅助。

在制定单元目标的过程中，我们从能力素养出发，落实到核心目标。我们还将核心目标拆分成三个小目标，分别是能够找出关键情节，能够概括关键情节，能够连成一段话。这样更有利于学生针对目标发现自己在哪个环节出了问题。

此时，我们需要继续思考：这样的教学单元究竟应该怎么教？如果我们还是运用单篇教学的方法讲授这些课文，学生学会了一篇课文后再遇到新文章，他就依然不知道关键情节是什么。此时，我们急需一种直观的学习工具，以帮助学生快速梳理情节，抓住关键词。经过一段艰难的寻找后，我们终于和它相遇——它就是情节曲线。

学习工具，助力学习

每件事的发展都有一个过程，有的有一个起伏，有的有几个起伏。

利用情节曲线，学生可以将故事波澜起伏的状态表现出来。（见下图）起伏之处就是关键的情节，学生将关键的情节概括成词语或短语，连成句，概括文章主要内容这个问题就能迎刃而解。同样是提取关键情节，为什么传统的教学方法效果不显著呢？通过对比，我们发现，情节曲线最大的特点就是直观。它的波澜起伏之处就是关键情节，一目了然。

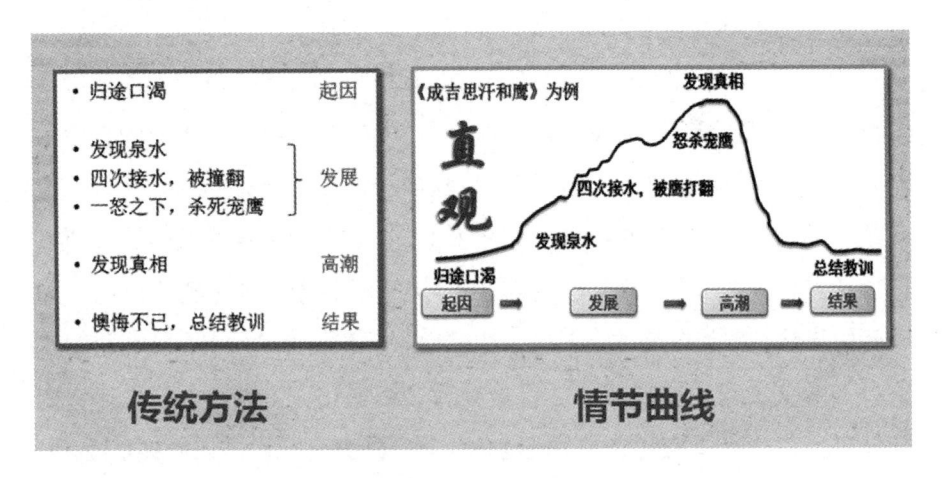

情节曲线很直观

但是，我们只告诉学生要画情节曲线就可以了吗？当然不行。我们还需要提供更多帮助。比方说，我们还设计了情节曲线学习步骤，绘制了情节曲线各部分操作说明。学生利用工具在课下完成情节曲线的绘制。课上，我们分享彼此的想法，并进一步修改。另外，我们从课内延伸到课外，在共读的《西游记》中，选取"三打白骨精"等章回绘制情节曲线。

经过一段时间的实践，情节曲线的思维方法已经融入学生的写作思维中。我们让学生在写作文前尝试先画出情节曲线，标注关键情节和详略，然后再写作文。这样学生的作文在结构和细节上都有很大改观。

情节曲线有诸多价值。第一，可以帮助理清文章线索，成为概括文章主要内容的有效工具。第二，能增强对文章核心情节的深入探讨，学生借此可以学会依托情节提出好问题。第三，有利于学生把握写作顺序，可以成为写好记叙文的重要工具。

走出物理教室的物理学习

荆双伟　刘融

物理学科包罗万象，大到天体运动，小到衣食住行，很多知识又比较生涩、抽象，所以，很多学生以及成年人都觉得物理不好学。作为新任的物理教师，我也在思考如何去帮助学生打开通向物理世界的大门，让学生真正喜欢学习物理。

为此，我校物理教研组的老师们绞尽脑汁，在课堂上设置了更多有趣的物理实验并讲解更多有趣的生活实例。老师讲得头头是道，学生听得津津有味。但很多孩子，包括学得不错的孩子，只是机械地学习书本中的理论知识，被动地接受一些物理原理。当一个新的生活实例摆在面前的时候，他们往往很难将所学的理论知识迁移到实际生活的应用当中。

比如，在讲"重力"这节课的时候，重力的一些基本理论知识（重力的概念和基本公式等），学生掌握得不错。在课堂上我以不倒翁为例给孩子们讲解了重心在实际生活中的巧妙应用，孩子们听得很投入。我以为孩子们对"重心"这一概念有了深刻理解。下课前5分钟，我给孩子们留了这样一个问题。

在中国科技馆二层"探索与发现"A厅"运动之律"展区，有一辆空中自行车，请你思考一下：在空中的自行车为什么没有摔下来？该展品利用了什么样的物理原理？在生活中你应用该原理可以解决哪些实际问题？

问题仅仅是对课堂所学知识的简单迁移，本以为自己讲解得很清楚，孩子们理解得也很透彻，结果满心的期待却以失望收尾。

我问自己："为什么这么简单的问题他们都答不上来呢？是我的教学出现了问题，还是学生的听课效率太低呢？"

这样的结果告诉我们，我们只解决了孩子们在知识学习这一阶段的问题；在学生对知识的应用上，我们做得不够好。

让学生真正理解知识并且能够更好地运用，更好的方式是走进生活，去发现问题、解决问题。

因此，我们尝试让物理教学走出物理教室，走向生活实践，建构了一种新的学习方式——"小科普家讲座"。我们把中国科技馆中和初中物理知识相关的展品做了筛选，让学生根据兴趣选择自己喜欢的展品。学生组成研究小组，对该展品进行深入研究，定期分享研究成果。这是让学生当老师，去分析展品背后的物理原理。

赵同学小组的成果展示，让我印象深刻。他率领小组成员，对科技馆的空中自行车进行了深度剖析。他们上网检索了不倒翁和空中自行车的物理原理，自主学习了在大学才会涉及的力矩，剖析了不倒翁的制作原理将该原理迁移到空中自行车上，并做了分析。为了能让同学们更清楚地了解空中自行车的原理，他们还跑到科技馆，在展品下方分享了该展品的制作原理。最后，他们将这一原理的应用深入生活中。学生想起，他们在陕西历史博物馆里看见过一件小口尖底瓶，这说明我们的祖先在距今6000多年前就已经巧妙地利用重心原理给自己汲水创造便利；东汉科学家张衡创造的地动仪，其内部中央有一根垂直的上粗下细的都柱，这使得整个装置的重心高、稳度小，遇到哪里发生地震，都柱便会朝此方向倒去；距今1300多年的西安小雁塔，历经几十次地震而不倒，是因为建筑本身重心低、稳度高；意大利的比萨斜塔也是利用重心低的原理建造的。

孩子们发现，原来我们身边有这么多与重心有关的例子。为此，邹同学模拟游乐场的自动倒水水桶，自主手工制作了自动倒水水桶。不仅如此，林同学还给这个手工自动倒水水桶起了一个非常有哲理的名字——"谦受益，满招损"，还写了一篇激励自我的小作文。朱同学从"重心"一词出发，撰写了一篇《蜜汁重心感受》激励自己要学好物理。安同学还利用鸡蛋壳和沙子制作了不倒翁桌面摆件。

这一次小科普家讲座激发了学生对物理学科的学习兴趣。讲座结束后学生纷纷申请课题，争做小科普家。

在探索和实践的过程中，每个学生小组都将点点滴滴的努力记录下来，有视频、图片、文本、作品等。我们将每个团队的资料进行了归纳、整理，建立了自己的数字科技馆。孩子们若在后期的学习过程中遇到相关的疑惑，就可以根据索引查找相关资料，还可以找到相应的"小专家团队"进行面对面的探讨。在整个过程中，学生如果能给别人讲清楚这件展品，那他就一定会生成自己的理解和思考。这不仅促进了孩子们对物理知识的学习，也促进了他们语言表达能力、团队合作能力、信息检索能力和自主学习能力的发展。

至此，孩子们的学习情况得到好转，对知识的理解确实有了提高。然而，我们不想仅停留在让孩子们应用所学的知识简单去分析一些物理现象，更想让他们把这些原理和知识真正应用到生活中，在真实情境中解决实际问题。于是，我们又进一步探索，进行了接下来的尝试。

在学完"光现象"这个模块后，我们给孩子们布置了一个任务：想办法制作一个简易的投影仪，把手机中的画面放大投到墙上。接到这个任务后孩子们很兴奋。手机天天都要用，投影仪的用法上课时老师也讲过，真的能用投影仪把手机中的画面投到墙上吗？带着这个问题，孩子们成立了项目研究小组。

在开始任务前，我们给孩子们提供了项目研究的任务单。孩子们拿到任务单时感觉很迷茫，经过几次头脑风暴和方案修改后，才有了作品初步设计图。孩子们的想法很简单，草图有了，接下来就是动手做。剩下的事情应该很简单，拼装到一起就可以了。我第一次尝试这种教学时，和孩子们的想法是一样的。

但在拼装过程中，孩子们又遇到了许多新问题：什么样的透镜更适合做投影仪？透镜的大小、薄厚对像有什么影响？面对这些问题，我和孩子们又进行了几次头脑风暴和方案修改。

几番"折腾"后，一个成品展现在了大家面前。一个学生悄悄跟我说："我觉得可以把这个作品做得更好。"原来他是学校3D打印社团的，他想用3D打印做外壳。这样的外壳不仅好看，还更加精确。

学生的热情再次被点燃。大家拿着之前的作品和技术组的老师进行探讨，利用课下时间进行平面设计和3D打印。最终，孩子们眼中更精美、更高端的作品完成了。

最初的想法只是想让学生走出书本，走出课堂，走进生活，去有效地应用这些知识。但是，我们发现学生并没有为了用而用，而是带着思考去尝试，去探索。这样一来，不仅书本上的知识得到了落实，而且还融合了工程、技术等其他学科的知识。在知识内化的基础上，去分析，去质疑，去解释，去实践，这也正是学生需要具备的重要素养。

更让人欣喜的是，学生开始走进生活，在生活中学习物理。学生已经不再满足于学习书本中的理论知识，而是观察生活，关注身边的事物，这提高了他们学习物理的兴趣。

解构·重组·衍生

杨静 等

下面，以一年级课程为例谈谈我们是如何进行大单元设计的。

第一步：解构音乐教材。打开音乐书，能看到学习内容多是按照动物、节日、自然等主题划分。这样的划分方式，可以拉近音乐与人的距离，丰富音乐教育的人文内涵，也为教学带来更大的自主权。

在实际教学过程中，优势之外，学生却面临音乐知识无序、难易程度不一、音乐知识链脱节等问题。学生很难找到一条清晰的音乐认知曲线，有逻辑、有序地学习音乐。

为了解决这样的困境，我们重新梳理教材，将内容进行重组。问题来了：我们如何重组？经过反复研讨，我们决定围绕音乐学科核心素养来重组。我们以审美感知、艺术表现、文化理解为蓝本，从学生认知、进阶的角度，在众多构建方式中，选择从知识导向走向核心素养，从知识教学走向核心素养教学的方式，由浅入深地重组教材内容——划分为节奏、拍号等多个纬度，来提高学生较全面的音乐核心素养，以达成全面育人的理念。

一年级学生对节奏反应敏感、善于模仿、活泼好动。课标中提出在学习四分音符、八分音符节奏的基础上，掌握 mi 、sol 、la 的音高，并进行音乐感受、表现与创作。因此，结合一年级学生的认知特点和课标要求后，我们对一年级上册原有的 8 个人文主题单元进行了重组。

节奏是音乐的骨骼，通过讨论、分析，我们决定将大概念归纳为

"节奏决定了音乐情感的基本表达"。在大概念的定位下，选用节奏重组进行单元教学。

首先，按照由简到繁、层层递进的方式，我们对一年级上册歌曲进行了节奏型分类，划分为五个单元，难度逐渐加大。（见下表）

一年级上册歌曲节奏型分类表

	单元	节奏分类	主题	歌曲
简 ↓ 繁	单元一	四分音符与八分音符的节奏组合	音乐与自然对话	《其多列》 《动物说话》 《大雨和小雨》
	单元二	四分音符、八分音符、二分音符节奏组合	音乐中的多彩生活	《两只老虎》《粉刷匠》 《小青蛙找家》《赛船》 《火车开啦》《新年好》
	单元三	大附点节奏	音乐与爱	《你的名字叫什么》 《国旗国旗真美丽》 《保护小羊》
	单元四	附点二分音符节奏	音乐与童趣	《小蜻蜓》 《布娃娃弹琴》
	单元五	其他节奏	音乐中的快乐	《音阶歌》 《龙咚锵》

其次，为了落实节奏单元的教学，我们为本单元提出的核心问题是，作为小小音乐家，你如何用节奏表达心情呢？为此，我们给学生设计的核心任务是，能用适切的节奏为歌曲创编器乐伴奏，以表达合适的音乐形象。

为了让核心任务能更有效地实施，我们设计了相应的子任务。

子任务一：通过读儿歌，感受二分、四分、八分音符的节奏。儿歌来源于生活，韵律感强，朗朗上口，学生更易于在听觉上感受这三类节奏型。第1遍练习让学生用固定的节奏型感受、体验，第2遍针对多声部进行提升，让学生形成音乐节奏感知能力这一核心素养。

子任务二：用节奏四宫格的方式，通过柯达伊读谱法读出二分、四分、八分音符组成的节奏型。柯达伊读谱法的发音时长更适合节奏的表达。按顺序读出相对应的节奏只是初步阶段，后续可以指向任意宫格。这样的改变使节奏组合更多变，趣味性强，给了孩子自由创作的空间。在实践过程中，根据孩子知识的掌握程度，还可以发展为6、9、12宫格进行游戏。在趣味性的游戏活动中，逐渐发展学生音乐节奏的表达能力。

子任务三：用柯达伊读谱法唱出二分、四分、八分音符节奏组成的歌曲旋律。用优美的歌曲旋律帮助学生逐渐形成音乐节奏的表现能力。

子任务四：听辨打击乐音色的特点，选择适当的打击乐器，进行二分、四分、八分音符组合节奏型的演奏练习，以达成形成音乐文化理解能力这一核心素养。

对四个子任务的学习和练习，可以让学生掌握本单元需要的音乐综合能力。最终，通过综合性的音乐活动设计来检验学生对核心任务的完成程度和音乐核心素养的掌握程度。为此，我们让学生用适切的节奏为歌曲《粉刷匠》创编器乐伴奏，以表达合适的音乐形象。

这些子任务都是为了帮助学生逐渐达成核心任务，让他们能够在音乐中发现美、表现美、创造美。

通过这样的单元设计与实施，学生可以在课堂上有序学习，我们更希望学生可以将学习到的能力和素养迁移到生活中。

自然界万事万物的发展和变化都有其自身的韵律和节奏，学生的成长也是如此。了解韵律，感知生活中的韵律，可以让自己与身边的人与事更和谐地相处，进而用韵律的视角认知并创造美的未来。

音乐是美的艺术，但育美又不能完全没有理性的思考。因此，在教学中找到理性的逻辑思维和音乐感性体验的平衡点，是我们进一步思考、实践大单元教学的重要问题。

（此文为音乐学科团队共同研究成果，研究成员有杨静、赵颖、沈娟、周克娜、张宏强、谢园、范晨。）

第四辑

教师，在自我迭代中成长

写在前面

说到成长，我们总会不自觉地想到学生。作为教师，我们又何尝不需要成长？

作为教育者，我们的成长突围战似乎更艰难，更充满挑战。冲破经验主义，打破学科壁垒，突破对自己的原有认知……这一切并不简单。

每位老师都渴望被点燃。这不仅需要学校层面推波助澜，搭建平台，更需要教师不断学习、坚持反思、在自我更新中突破自我。这需要足够多的勇气与智慧。

老师们在不同学科中反思教学新路径，在不同的角色定位中发现学生的光芒，在崭新的教育实践中找到人生价值……

成长是神奇的旅程，成长中的发现永无停歇。

教师能自我更新，方可成就学生

贾茹

大学毕业后，我成为一名高中美术教师，在学校里教授美术课。因为教授的课程都是自己非常熟悉的专业，所以工作起来还算得心应手。没课的时候画点儿素描、油画，工作惬意又轻松。每天就是画画、教书，没有变化与创新的教学环境慢慢磨掉了我的工作激情。

转折来自2012年随军调动，我从地方来到北京，从高中老师变为小学老师。我之前教了7年的绘画和服装设计，那些东西全都用不上了。面对一群懵懂的小学生，我很不适应。我在高中上课时，从来都不用管纪律。小学生的课堂纪律却让人头疼不已，以至我刚来那段时间里，嗓子都喊哑了。我不会使用儿童语言，用成人语气上课。我也不会设计精彩的上课流程，还像教大孩子那样满堂灌。

一切都得重新学习，重新开始。于是，我去听老教师的课学习教学，找前辈来听我的课帮我指出毛病。为了成为更好的小学美术教师，我经常去图书大厦购买有关小学美术教学的书来看。在此期间，我得到了一本好书，这本书就是著名的儿童美术教育专家杨景芝写的《中国当代儿童绘画解析与教程》。我觉得书里的观点和教学方法很好。学校合并后，我们开始全课程教学。我们的美术课也和全课程相结合，我们有自己的主题，可以灵活安排上课内容。

为了给孩子们更好的课程体验，我试图寻找一种更好的教学方法。我发现杨老师这本书里的观点和我们的全课程理念很像。反复看了几遍后，我从上美术课的角度转变为用心观察孩子的绘画行为。后来，我开发了很适合孩子们的线描课，一节课一个主题。每画一幅作品，我都不让孩子们画一样的形状、一样的构图，只是启发他们去想创意，按照自己的想法去画。孩子们画得很开心，呈现出来的作品也都各不相同，我感觉效果不错。于是，我又买了杨景芝先生的一系列理论与实践图书，潜心研究更好的教学方法。

当我慢慢领悟了一些儿童艺术教育的真谛时，当我真正走进孩子的世界去观察他们、去了解他们的艺术行为时，我看到了很多以前看不到的东西。比如，一开始我关注他们的技法，后来我更关注他们的创作状态，更倾向于让孩子们在美术课上开心地创作，而不是认真地画画。

通过对儿童美术教育方法的不断学习与研究，我发现幼儿美术教育并不是简单地教孩子们画画那么简单，不同年龄阶段孩子的心理特征不同、学习方法不同，我们的授课方式也应不同。我以前接一年级时都会很头疼，因为让他们安静下来画画非常难，只能靠严厉的训斥。有时候为了强制他们保持安静，还会采取没收画具、罚坐等形式。后来，我们的理念变了，我们尊重孩子的天性，允许孩子们上课时可以坐得不是那么整齐，也不要求孩子们在上课时必须做到不说话。我们的课堂可以活跃一些，放开一些。这个时候，我的课堂反而好管理了，孩子们上课时比以前安静了很多。有时候我们会把原因归结为"我们的生源好了"，但我觉得最重要的一点就是，我们不再把孩子们当成一个集体来管理，而是把他们当成了不同的个体。我们尊重他们的想法和行为。当我找到了一种好的方法和他们沟通时，当我让他们在上课时自由创作时，当我让他们把教室当成自己创作的画室时，他们就有了一种情景想象，真的觉得自己是在画室里创作自己的作品。我每次上课时不说你们画画的时候要怎么样，而是说你们创作作品的时候要专注，要完成一张完美的作品。这时，他们就真的会觉得自己是在创作，会安静不少。当有孩子不按照主题画时，我也会尊重他的想法，让他可以表达自己想表达的。当有的孩子的画风和我的要求明显不符时，我也允许有不同的风格出现，而不是强迫每个孩子都画得完美、漂亮。只要孩子用心画了，我都会给予鼓励，认真听孩子画里的故事。这样孩子就喜欢上了美术课，喜欢上了画画。

就这样，通过不断学习，我终于在并不擅长的基础美术教育上找到了方向。之后，我开发了两门选修课，把我在高中里的教学经验用上了。

来小学后，虽然课时很多，但每天上课之余我都会画会儿油画，并利用假期到油画院进修。学校成为十一学校一分校后，要开设油画选修课，并决定把这门全新的课程交给我。我非常激动，我的油画专业终于有了用武之地。终于，我在高中当老师这些年的教学经验没有白费，我似乎又找到了自己的优势。我在自己开发的课程里，有了一种归属感。我的方向也越来越明确，那就是成为一名专业的艺术学科老师，把自己最擅长的东西做大做强。

新课程并不是照搬我高中时的教学经验，我面对的是小学和初中的孩子，我还得结合孩子的年龄来研究他们能够接受的教学方法和内容。面对没有任何绘画基础和设计基础的学生，一个学期仅有32课时的教学时间，怎样才能让孩子们更好地体验课程并有所收获呢？油画课上，我为孩子们布置不同的任务：色彩感觉好的，我让他临摹凡·高；心思细腻的，我给他找来唯美的素材；有想法、有创意的，我启发他画一些不一样的东西。慢慢地，通过关注和回应孩子们不同的成长需求，让他们寻找适合自己的学习方式，孩子们画出了一张张漂亮的，他们自己也满意的作品。这些作品成就了这些孩子，也成就了我。

我的第二门选修课——服装课的开设也不是偶然的。我平时对服装设计非常感兴趣，曾经利用业余时间到服装裁剪学校学习专业的裁剪技术，没事时就爱画一些时装画。一分校的成立，给了每位老师一双善于发现的眼睛，我慢慢看到了学生的需求。在平时上美术课时，我就发现有很多女孩子特别爱画漂亮的衣服，而我正好又有这方面的特长，于是便开发了服装设计选修课。在开发这门专业课程时，我一直在思考：学生年龄小，怎样才能让孩子们快速进入状态并创作出好作品呢？经过反复研究和对学生的调查，我找到了一些适合这个年龄段孩子的教学方法。

我把画好的人体图做虚,再打印出来,让孩子们直接在上面画服装,这样既节省了画人体的时间,也让孩子们很快找到了自信。当孩子们提出想做衣服时,鉴于孩子们还没有裁剪基础,年龄又小,为了不浪费布料,我们搜集了很多旧衣服,边改边做。等知识掌握得多了,我让孩子们自己在网上选购布料,自己设计制作服装,孩子们做得开心,我的课也上得有滋有味。从孩子的笑容里,我收获了自信。

新的教学理念让我开始不断自我更新,更新的结果又深深影响着这些孩子们。我的学习欲望越来越强烈。一个偶然的机会,我又学了珠宝设计。前段时间,一个朋友让我帮他设计几款首饰。我从来没有学过珠宝设计,第一感觉是不行,但我又觉得应该尝试一下,看看自己到底能不能行,毕竟我还是有些绘画和设计功底的。所以,我就答应下来。接下来的日子里,我买了很多有关珠宝设计的书,在网上查阅了大量珠宝设计的效果图、平视图、三视图。一周后,我的设计稿出图了。一个月后,我设计的成品做出来了。真没想到,原来想象中如此难的事情,真的尝试着去做了,就会发现并没有当初想象的那样难。现在,我可以说自己是一名业余珠宝设计师了。后来,我开设了首饰设计选修课,发掘了好几个首饰设计方面的小天才。以后,有可能的话,我还想把学生的设计做成产品,真正让孩子们体验一下当设计师的感觉。我相信这绝对会成为孩子们人生中的一笔财富。

现在,我的专业教室里配备了很多书。油画专业的,服装专业的,珠宝首饰设计的,美术专业的,教育教学的,都有。只要有时间,我就赶紧看两眼。真的有种知识太多,学不过来的感觉。有一次,刘艳萍校长给学校新来的年轻老师办了一场讲座,推荐了一些书,回去后我把这些书全部买了,看完后受益匪浅。教师只有不断自我更新,方可成就学生。

找"我"

姜维

包班老师需要整天和孩子待在一起，除去日常教学工作外，还必须处理孩子们可能出现的各种问题。工作虽然繁杂，但我却感到踏实和快乐，这些都源自可爱的孩子们。不过，这份难得的踏实并非一开始就有。

曾一度认为自己可以成为中学化学老师的我，却做了一名小学教师，而且居然还得教一年级。说实话，内心确实有些失落。入职前我曾安慰自己，从事小学教育工作也挺好。我曾在高中重点班的课堂上教得有声有色，所以，我认为在小学的课堂上自己肯定也可以游刃有余。然而，开学后的情况却是我费尽气力也没能让所有孩子都弄明白整体和部分的关系，孩子们在课堂上时常表现出疑惑和困倦。高中时的实践经验告诉我，只要恩威并施，课堂纪律一般不会出问题。而实际情况却是，一年级的孩子东倒西歪，我行我素。面对这样的情况，自己懵了，有些迷茫的我曾不止一次地问自己："是否真的能当一名合格的小学老师？"面对小学生，我完全找不到带高中生时的成就感，我开始审视自己的教学方式及过程：问题到底出在哪里呢？

教育要"慢"下来，这是我向老教师求教后得到的答案。他们告诉我"不要着急"，要学着"慢"下来。我要对班级 32 个孩子负责。想到自己已经把知识点讲解的速度放慢，我不能理解老教师口中的"慢"到底指什么。在充满困惑和不安中，我开始剖析自己，寻找原因。我希望通过阅读、模仿和不断反思来提高自己的教学技能。急躁中的我生吞活剥地阅读了许多案例和经验，稍加修改后便机械套用。往往是一种方法刚刚见效，自己便又迫不及待地寻找和尝试其他方法。我在走马灯似的忙碌中不断尝试，内心却仍旧不踏实。

假期里我整理和孩子们在学校里的留影——与孩子在"豆豆日"中共同探索，在"春天"课程中发现春天，一起观察花朵，共同创作小太阳生日花，等等。我发现，一年来孩子在按自己的节律慢慢长大。看到孩子们的一张张笑脸，桩桩件件的事浮现在眼前，我眼睛不禁湿润了。这时我仿佛听到了花朵盛开的声音。孩子口中的"姜博士""姜爸爸"就是对我工作的最好认可。我是孩子慢慢成长的见证者。过去，我常常苦恼于自己精心设计的课堂教学在孩子那里得不到想要的反馈，认真准备的学习活动达不到期待的目标。如此种种，主要是因为自己的评价标准过于单一。这时我才明白，原来老教师口中的"慢教育"根本不是我认为的放慢讲解速度；而是"慢"下来去观察孩子，从多角度去欣赏孩子。这种"慢"是对儿童差异的善意包容，是呵护儿童独立探索时的从容等待，是顺应儿童成长节律下的坚定目送。能够陪孩子们一同成长，我其实过得很充实、很幸福。想明白了这些，失去的工作成就感再次找到了，我又找回了自信心。

教育要"静"下来，这是孩子们通过点滴小事告诉我的。在做班级值日时，我发现班级里出现了"挤门大战"。值日生与门外的同学挤在门口，互不相让，这很危险。多次耐心劝导都收效甚微。随着每天"挤门大战"的不断上演，我有些不耐烦了，正欲斥责孩子不懂事时，有个小小的声音在提醒我："等一等，一定还有更好的解决办法。"一个人只有慢下来了，才能静下心来理解生活。我想到了儿时的自己也喜欢挤门，无非就是觉得好玩。孩子的问题其实没那么严重，通常不需要上升到道德的角度去评价。午休结束后，孩子们聆听了一个"爱挤门"的小男孩儿的故事，而故事中的小男孩儿正是他们的老师——我。我坦然地告诉孩子们，我挤门就是为了显摆自己力气大。话音刚落，小城同学站起来说:"姜老师,我挤门真不是为了显摆,而是觉得其他人能在教室里玩,自己却不行,感到不公平!"原来如此,我没有进行过多说教,只是在屏幕上播放了几幅孩子们在教室里的照片,原来教室里的同学是在专心读书、学习。孩子们发现他们误解了同学。从那以后,班级里就很少出现挤门的现象了。静下来的我,可以更好地理解他们。平等的交流,打开了我和孩子间的心门。

另外,教育要蹲下来。近来,我发现班里有几个孩子特别爱"创作",甚至还在课上溜号搞创作。他们偷偷搞的"创作"到底有什么诱人之处?我决定蹲下来"探秘"。原来,孩子们在设计游戏,不仅有初级版本,还有各种升级版本。这着实让我吃惊。我意识到要顺势而为,要快速行动起来。我和搭档为此在教室里给孩子铺设了用于知识闯关的游戏学习轨道。运用游戏化思维,将《逢七过》的桌游改编后用到乘法口诀学习的课堂上。课堂上,孩子们不再机械地背诵口诀,而是在紧张刺激的游戏中学习。这样一来,孩子们变得更加专注,口诀的背诵变得更有趣、更有效率。

此时的"快"与之前的"慢"是否矛盾呢?其实不然,这里的"快"已经不再是没底气的急躁,而是一种对孩子学习需求的敏锐观察和快速反应。这种"快"的变化,源自慢下来后对孩子的理解加深了。

努力成为最好的赛车

蔡昱如

我们每个人就如同一辆赛车，想要自我成长，就应该有自我驱动力。

身为语文和数学的包班老师，十年来的耕耘让我形成了自己的教学风格和特点。正当自己对工作颇有几分满意的时候，全科课程来了。我对"全科"不了解，它也许会颠覆传统意义上的教与学，我能否适应这种变革？

宋代教育家程颐说过："事之当革，若畏惧而不为，则失时为害。"意思是说："当面对事物的变革时，如果因为畏惧而无所作为的话，就会失去最佳的学习时机。"与其被动地接受教育变革，不如自我驱动，主动去认识它，了解它。

于是，我们主动走进全科课程。我和学校其他老师一起走进了北京市亦庄实验小学。

看到的一幕幕令我震撼，更令我敬佩，也让我备感压力。"全科老师""全"字打头，这就要求教师不仅要将语文、数学贯通，还要在主题课程背景下带着孩子们画画、做手工、搞科学实验，一起律动，一起唱跳。"我能行吗？"学习期间，常丽华老师的一句话点醒了我："一个人追求的目标越高，发展得就越快，成就也就越大。"我想："作为全科老师，如果我能在促进专业成长的同时，掌握专业以外的东西，那我就能取得一定成绩。"我感到全课程即将给自己的教育教学带来二次成长的机会。

不断进取的心有了，但落实到现实教学过程中，可就没那么容易了。要成为全科老师，成为全能选手，扬长必不可少，还要弥补自己的薄弱环节。比如说，在全科教学中，教材里有很多音乐和舞蹈的内容，需要老师和孩子一起唱，一起跳。这些舞蹈动作需要自己创编，怎么办？于是，我就在网上找到相关音乐的舞蹈视频，自己先跟着跳，然后再教给孩子们。跳得多了，慢慢地我也越来越放得开了，自己开始尝试编一些舞蹈动作。很多舞蹈动作，就是我和班里的孩子们一起创编的。孩子们特别喜欢。

虽然我在全科教学中尝试着让自己成为全能选手，但我也深知，无论怎么努力也不可能成为全能冠军。就拿戏剧表演来说吧，在全科教学的中段和期末课程庆典中我们会自行创编音乐剧，但我不是戏剧老师，没经过专业的表演训练，写写剧本还行，但要教孩子们表演戏剧，就有些困难了。所以，我去向专业的戏剧老师请教，寻找专业力量合作，在专业老师的帮助下提升自己。比如，我到周克娜老师那里学习戏剧表演，并和她一起探讨音乐剧的排练。

课程庆典期间，我们班准备了音乐剧《盒子里的猫》。从音乐剧的剧本台词到每个孩子在舞台上的站位，从孩子表演的每个情景动作到配合表演的音乐、舞蹈，我和周老师都亲力亲为，手把手教孩子们。周老师在戏剧方面帮我分担了不少工作，这让我能腾出时间和空间来细心观察我们班孩子的表演，更多地去发现孩子身上潜在的力量。例如，我们班的肖怡然和方思懿两个孩子是学习舞蹈的，所以，在排练音乐剧的时候，她们俩会与周老师、我一起设计、排练舞蹈动作。我们班的陈翰州识字量大，朗诵也不错，所以旁白工作就交给了他。王雨竹和吴梦瑶手工制作特别棒，所以她们俩承担了道具的设计工作，带着其他同学一起制作戏剧头饰。我在某些方面的不足，恰恰给孩子们提供了更大的发挥空间。

终于，我们班的音乐剧《盒子里的猫》在中段课程庆典中顺利演出，受到家长好评。

在北京市亦庄实验小学培训期间，我最羡慕的是常丽华老师班里的孩子们，他们在阅读、表达和笔头上的功夫都很了得。这让我反思：我能不能发挥教学之长，在全科语文教学中更好地促进孩子们自我发展和成长呢？

为了培养孩子们的阅读兴趣，提高他们的阅读水平，我从古人的"读万卷书，行万里路"和孩子们说起，向他们介绍有关古人读书的一些小故事。"一个人书读得越多，就越渊博。你们想不想当一个知识渊博的人呢？"孩子们都说："想！"

为了引导学生的阅读兴趣，我在班里制作了"阅读状元榜"。这个阅读榜分为六个层级。书读得越多，级别就越高。每到达一个层级，会有不同的奖励。

看到学生认真读书的样子，我很欣慰，但又在想："光读还不够，应该多锻炼锻炼他们的表达能力。"于是，在开展"阅读状元榜"活动的同时，我们班又开展了"小鲤鱼大讲堂"活动。出乎意料的是，报名参加的孩子并不多，只有八九个。我有点纳闷了：平时总爱叽叽喳喳的"小鲤鱼"们怎么这个时候往后溜呢？我班没报名的闫同学说："老师，我害羞。在底下讲讲可以，但到台上我就紧张，会打磕巴。"我又询问了其他几个没有报名的孩子，他们或多或少都是因为这个原因。这是由孩子们自信心不足导致的，所以，我应该给他们创造挑战自己、增强自信、成就自己的机会。

我和我的搭班老师在网上找了一款录音软件，我将这款软件介绍给学生，让他们可以随时录制自己的故事。当他们录制的声音被别人收听并被点赞时，他们高兴坏了。

还有家长发微信说："孩子每天晚上都要收听班里其他孩子的录音，听着同学讲的故事入睡。"经过一段时间后，那些原本害羞的孩子们慢慢变得自信起来。

教室成长史

籍小婷

每一间教室都像一个生态系统，学生、老师、课程在其间相互作用。我一直在探索，希望能建立一种运行机制，让每个进入课堂的学生变成一粒种子，能够在这个生态系统中找到属于自己的位置，自由生长出属于自己的姿态和能力，让学习真实发生。

然而，教育从来都不是一门纸上谈兵的学问，有很多自认为美好的设想，一旦接触到一线教学，就会被现实击败。面对每个独特的学生，每节独特的课堂，我不断尝试新方法，总结经验。从纸上谈兵到结合实际慢慢找到合适的方向，我的教室与教学也像一个孩子一样慢慢成长。

乌托邦学院时代

教室建立之初，我幻想了一个乌托邦式的学习空间。在那里，有专业细致的讲授，有丰富的材料、无拘无束的环境。我要让每个来到教室的学生都像艺术家一样，自由、轻松、愉快，充满活力。

在教室的南侧我专门留出了一块自由创意区。在这里，没有固定的课桌椅，学生可以拿着坐垫随意坐在地上，上课就仿佛聊家常，孩子也觉得新鲜、有趣。这里可以进行集体活动，我还购买了可以随意挪动的小方桌，有点儿类似咖啡厅的感觉。创意区西侧是一排开放式的物品柜，我准备了丰富的绘画材料，学生可以看并且可以随手拿到为他们准备的物品。坐在刚刚建好的教室里，我开始幻想学生舒适地坐在教室各个角落里做出美丽作品的样子。

开学了，我把专业的动画知识讲给他们听，从动画原理到美术设计，到各种软件的应用、运动规律等。刚开始学生还听得饶有兴趣，可时间一久，问题就来了。

不同于成年人，孩子毕竟还不能很好地约束自己的行为。听课听得久一点儿，座垫上的孩子就会坐不住，开始东倒西歪，靠在一起，下课后还会用垫子打闹。使用电脑的时候，有一些调皮的孩子会在那些屏幕背对着我的地方偷偷玩游戏。物品的使用也比较随意，使用过后，不放回原位，总要我来给他们收拾烂摊子。

看到小种子们恣意疯长，我开始反思自己的问题出在哪里。

讲课的时候，会遇到这样的情况，我还没有讲完设计的内容，就有孩子迫不及待地喊："老师，快让我们做吧！"显然，大学课堂里那种长时间讲解的方式不适合低年级的孩子。学生认知发展有阶段性特征，这不仅制约学习内容的选择，还制约学习方法的选择。比起学习理论，这个阶段的孩子更感兴趣的是亲手实践。因此，我的课程定位就应该更加侧重感受与体验，放开自主权，把课堂还给学生。

在教室环境的设置上，我的乌托邦式的教室似乎有些过于自由宽松了，这样反而会让学生的注意力分散，学习的效率也不高。环境对人的影响是潜移默化的，我决定让孩子们在心中建立起规则意识。

工作室模式时代

首先，我撤走了那些让孩子们玩心大盛的垫子，设置了干净、整洁的大长桌，方便他们绘画。这样，孩子们明显安静了许多。我将电脑摆成环形，大家都能看到彼此的屏幕。这样，不需要我强制管理，很多学生就不好意思再玩游戏，还能促进同学间相互学习。

接下来考虑的就是如何将课堂还给学生。我想，既然他们喜欢实践，索性让他们来到课堂后就直接参与制作。我把教室改成了工作室，全班学生分成几个大组，分别进行动画作品的仿作。喜欢手绘的进入中期组，喜欢软件操作的进入后期组。我设计了一套严密的流程，把各组之间的授新与练习穿插开来。比如，在同一节课上，我在对动画组进行新技法讲解的时候，上色组要完成他们的上色任务，而后期组则可以练习我上节课给他们讲的软件操作。这种分层教学设计环环相扣，对此我十分满意。

然而，这样的做法不仅没有把课堂还给学生，反而让我晕头转向。因为学生学习是无法精确计算时间的，而我的课堂安排过于紧密，这样就很容易因为很多具体情况打乱计划，无法完美衔接。比如，有时候一个组拖沓了就会导致另一个组无事可做；或者某个组的软件操作出现了没有讲过的问题，而此时我则在给别的组讲授新课而分身乏术。结果，幻想中那个从容不迫、分层教学的我，实际上却是在孩子此起彼伏的呼唤声中手忙脚乱。面对这样的局面，我感到既焦虑又愧疚。虽然期末也勉强完成了团队目标，但这个忙乱的过程并不是我想要的。另外，在统一的任务主题下我也看不到学生的个性化表现。

既要留给学生足够的创作空间，又不能混乱无序，还要有分层选择，还要能并行不悖，并调动学生的积极性，该怎么办呢？

我开始寻找更好的方式，寻找其中的平衡点。思来想去，我觉得游戏可能会是一个突破口。

网游任务模式时代

网络游戏几乎是家长心目中的洪水猛兽，可大家有没有想过为什么网络游戏会有那么大的魅力呢？我参阅了一些游戏策划的图书，并分析了背后的原理。我发现，游戏的关卡设置有以下几个特点：目标专注易于获得，玩家自主选择路径，运用积分、称号排名激励玩家，同时包含竞争与合作。我把这些特点引入课堂当中，建立了一套游戏系统。

我将课堂作业设置成许多看起来很好玩的小任务。这种好玩又简单的小任务，激发了学生试一试的积极性。只要完成任务，学生就可以获得相应的积分，这保证了回报的稳定和透明。这样学生会觉得任何任务都不会白做，就有了安全感。根据学科特点，我允许他们喜欢的任务可以重复做，不喜欢的可以放弃，这样就实现了自主的分层分类。于是，学生不再有必须完成任务的压力，可以自由选择，也就更有积极性。如果任务完成得非常好，学生不仅可以获得积分，还可以获得对应任务的称号。这些称号千奇百怪，比如，"魔法师""进击的巨人""表情帝""线条高手"等。一些学生对称号的重视甚至超过了积分。最后，我以英雄榜的形式把所有学生的积分展示出来。同伴之间的关注和比较也是巨大动力，学生来到教室后的第一件事就是互相比较积分。积分和称号分别与作品的数量和质量对应，从外部和内部对学生进行激励，既避免了一些学生为了追求数量而放弃质量的情况，允许慢工出细活，也给水平不高的学生提供了努力的确定性回报。

新学期开始后，我告诉学生他们来到的不仅是一个课堂，更是一个游戏现场，很多学生听到后都眼前一亮。他们每节课都要问我有没有新任务，并查看积分榜，看看谁又成为了新英雄。有一个曾经上课什么都不爱做的学生，竟然在这学期成为他们班的积分第一名。我问他为什么突然这么努力了，他说："因为我一开始在积分上领先了，就想一直保持下去。"

为了更好地倾听学生的声音，我在教室内设置了吉祥物——小黑。它其实是一个吐槽箱，学生可以把一些心情、想法、问题或者小笑话通过小黑分享给我。我想通过这种方式听到一些不好意思与老师交流的学生的声音。让我没想到的是，有些学生真的将小黑当作朋友一样在交流，让我觉得他们真是可爱。通过小黑，我了解到一些学生的想法。比如，"任务能不能再简单一点儿？""水怎么画？""为什么我画不好人体结构？""今天我当上了'龙娃'志愿者，好开心！"

我的生态教室终于走上了正轨，不过距离真正实现学生的自主学习，似乎还差一点儿什么。

游戏化自主学习时代

差在什么地方呢？一次，我在小黑肚子中收到这样一张纸条："老师，我喜欢先做任务，有问题再讲解。"

我由此想到，我留给学生的自主空间还不够。虽然我的任务设置是灵活的，但讲解任务的时间却是固定的，学生终究还是不能真正自由地去选择。此外，我有时候要给那些没有记清楚的学生重复、巩固之前说过的内容，没时间去深化任务和解决更多个性化的问题。要解决这个问题，我觉得应该制作一个学生可以随时翻阅的教程，让它成为我的分身。于是，我撰写了《动画创作课教程》。

一个学期过去了，翻阅教程的学生却并不如想象中的多。"为什么呢？"我问学生。他们说，"想不起来""用不着看""怕麻烦"。

"想不起来"是因为他们没有养成自学的习惯。"怕麻烦"其实是因为他们并不知道课程的整体构架和教学目标，他们在被动接受我不断提供的单点任务。一旦完成了任务，学生就会无所事事，也不知道该怎么继续深入。这时，我就需要给他们画出一个任务体系的大地图来，然后再由他们去制定目标，选择通向目标的路径。只有提供给他们多个目标，才能够让他们有清晰的、更长远的方向以及更持久的动力。于是，我又分别写了漫画课和动画课的任务手册，人手一本。每一本任务手册里面都设置了多重细分的几十个任务供学生选择，任务之间的关系是递进的，可以让学生有不断前进的方向和动力。

我将手册和教程对应起来使用，学生便开始慢慢学会了自学。学生的选择多了，我的教程也要相应丰富起来。于是，我又准备了各种教学资料，录制教学视频、制作教学范例、制作引导游戏等。我利用电脑在教室中搭设了一个局域网，可以轻松实现随时随地的资料分享和作品提交。

至此，学生可以在手册上选择任务，再到教程和视频中寻找方法，不会的地方可以反复学习，完成任务获得积分，然后再根据教程去完成下一个任务。这样的循环，真正实现了不同进度的个性化教学。而我也从一遍遍重复讲述中解放出来，去解决教程中没有的新问题，并帮助学生实现他们有创造性的新想法。我的作用从知识传授向个性化辅导与深层引领方向转化。然后，我再把这些新问题和想法写进新教程里面，或者直接让那些产生想法的学生成为别人的师父，促进课程与教学不断进步。接触学生的时间多了，我对他们的了解也比以前加深了。

有了明确的目标后，课堂上就很少再出现无所事事的学生。一些曾经让我头疼的、喜欢说话的学生，一旦进入努力完成任务的状态，就会非常专注，课堂纪律也自然而然好了起来。

此时，教室分区也发挥了效用。同一节课，有人在电脑区练习软件，有人在手绘区绘制手翻书，有人在定格桌上拍摄定格。

一个学期下来，每个学生都完成了一套只属于他自己的学习方案——每个人的学习真实且不同地发生着。

通过总结，我发现解决问题不能只从表面入手，运行机制的改变会带动与之相关的一切发生变化。

如今，看着在教室中各自忙着作品的学生，我突然发现：我的教室难道不正是在一步步接近当初所幻想的那个乌托邦吗？

"大概念"进阶路

张丽君

"大概念"是引领单元教学的关键。部编本《道德与法治》七年级下册"在集体中成长"这个单元，内容翔实，且不断递进。如果不从单元整体考虑，会落入分散的课时教学之中，被散点知识牵制。所以，我们需要提炼出大概念，引领单元整体教学。

我们从教材内容出发，遵循内容逻辑，总结、提炼出本单元的大概念——在集体生活中，成员间的良性互动是实现个人与集体发展的重要条件。这个过程如果还是靠经验和感悟，这种方法就不可持续，应该梳理出确立本学科"大概念"的一般规律。

所以，我们开始从经验为先的第一阶段，走向更加理性、科学地思考大概念的第二阶段。如何保证理性、科学呢？

这就需要我们在单元设计的一开始，就关注中国学生核心素养、学科核心素养、学科课程标准、教材学科内容以及学习者这五个要素，并把握它们之间的关系。学科核心素养是对学生核心素养的学科层面的解读，在其统摄下才有了各科课程内容标准。教材学科内容，将课程标准具体化、结构化，同时也是学习对象。我们可以看到，教材学科内容是实现素养的重要载体，而"大概念"在具体学科内容和抽象素养之间建立起桥梁。

如何去寻找"大概念"呢？依据实践，我们梳理出了三个步骤。

第一个步骤：单元目标结构化。

第二个步骤：提炼目标关键词。

第三个步骤：关联素养与关键词。

以"生命的思考"单元为例，我们首先寻找单元目标并将其结构化。在确定单元目标时，我们不仅关注要落实的内容标准，也要关注本单元体现的内容标准。将本单元重点落实和能够体现的课程内容标准列入考虑，筛选出有效的单元目标。这样的单元目标，虽然全面、有效，但比较分散，难以支撑我们去寻找"大概念"。

我们需要去确立结构化的单元目标，对目标进行更清晰、有逻辑地整合。这时，细致、全面地理解教材内容，可以帮助我们梳理出逻辑重点。在"生命的思考"单元，我们参考了教材上三组醒目的词组：贫乏与充盈、冷漠与关切、平凡与伟大。对照单元内容，这三组词分别指向不同层次的生命：自我建构的生命、与他人相关的生命以及与国家命运相连的生命。据此，我们将单元目标进行了结构化整合，分别指向自然生命、社会生命和精神生命。结构化后的单元目标，初步将教材内容建立起逻辑梯度，成为帮助我们寻找"大概念"的重要一步。

单元目标结构化的过程，更多参考课程标准和教材内容。"大概念"的寻找还需向上追溯，回归学科素养，将单元目标与学科素养进行关联。政治学科素养包含政治认同、法治意识、科学精神和公共参与。为了将单元目标与学科素养进行关联，我们需要提炼目标下的关键词，并将这些关键词投射在相匹配的学科素养下。用一句话串联关键词和学科素养，即理性地看待和对待自我生命，在为他人和国家奉献的过程中，实现人生价值。这句话更像是对单元目标更为凝练的一种表达，依旧像一个目标，而"大概念"将对此做出更客观和接近本质的处理。于是，我们将目标转化为观点，作为单元的"大概念"——人对待生命最可贵的态度是，既尊重自己的生命，也尊重他人的生命。我们据此学习"生命的思考"单元。

在"大概念"的第二个阶段，我们梳理出了提炼"大概念"的一般步骤，即单元目标结构化、提炼目标关键词，以及关联素养与关键词。

这关联起了学科核心素养、课程标准、教材学科内容。这个过程都指向学生核心素养的实现。（见下图）

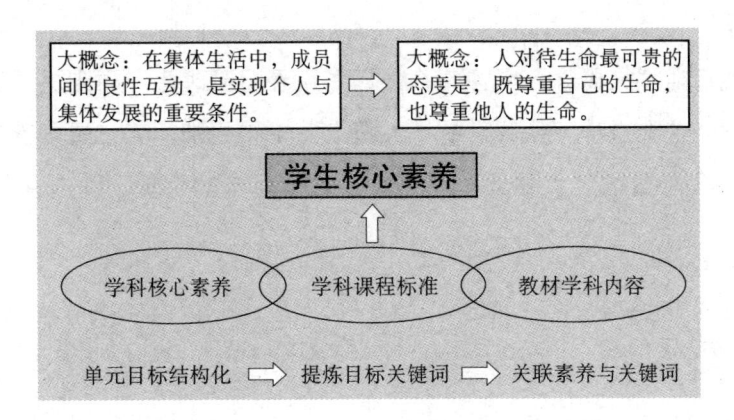

```
大概念：在集体生活中，成员          大概念：人对待生命最可贵的
间的良性互动，是实现个人与    ⇒    态度是，既尊重自己的生命，
集体发展的重要条件。                也尊重他人的生命。

                    学生核心素养
                         ⇧
    学科核心素养      学科课程标准      教材学科内容

    单元目标结构化  ⇒  提炼目标关键词  ⇒  关联素养与关键词
```

方法的获得给我们带来欣喜，让我们积极去尝试新单元。在"走进法治天地"单元，我们仍然同时关注落实的和体现的内容标准来确定单元目标。虽然无法依据教材将单元目标结构化，但我们在《青少年法治教育大纲》的培养要求中找到了途径，完成了单元目标结构化的过程。

不过，在回归素养、寻找"大概念"的过程中，我们发现本单元的内容可以承载几乎全部学科核心素养。也就是说将关键词投射到素养之中，并用一句话串联的方法是行不通的。第二个阶段的寻找路径，到底哪里出了问题？回顾单元设计需要关注的五个要素，我们发现，在第二个阶段，我们并没有真正考虑学习者在想什么。

有鉴于此，在"走进法治天地"这个单元，我们做了问卷调查，用来了解学生对法律的态度和感受。我们发现，相比慈爱和自由，学生对法律的强制和惩治印象深刻，他们的认识是基于怕法而去守法。

于是，我们希望通过对本单元的学习来丰富学生对法律的认识，让他们认识到法律的价值不可替代，对法律要有一种真诚的信仰。这与单元的第三点目标——"尊法"的隐性目标非常匹配。这验证了我们的思考方向正确。可是，这句话缺少对法律本质的解读，无法真正让学习者具体认知法律的价值。于是，我们对法律的价值这个点做了细致、深入的拓展，最终确定了本单元的"大概念"：维护正义、自由和秩序是法律的基本价值，人人都应有对法律的真诚信仰。

一个好的"大概念"，不该只看到上位的标准和素养，更应看到学习者本身。

我们对"大概念"的探索，经历了从经验到理性，再到关注学习者的过程。这个过程，让我们的"大概念"变得更加真实、更加有效。只有真实、有效的"大概念"，才能支撑起为未知而教、为未来而学的目标。

认准目标，寻求突破

叶翠

闫老师是一位新教师，他温文尔雅、学识渊博，有较好的历史学科底蕴。入职以来，他一直在思考：怎样才能有效完成每节课的任务，不被学生没有边际的问题牵着走？

最近，他报名参加了学校的观察课，又接到了"夜餐"的邀请函。北京市十一学校一分校青年教师"教学成长夜餐"是学校发展特殊历史时期助力青年教师快速成长的培训课程。此培训课程利用每周一晚上进行，教师发展中心邀请青年教师进行微格教学和说课展示，并组织相关学科主任及教学骨干进行现场交流指导，通过"多位师父带徒弟"的培养模式，让每位青年教师打下扎实的基本功，领悟教学本质，快速成长为学校发展的中坚力量。闫老师在这次观察课中找到了突破原有困惑的方法，并且在接下来的"夜餐"中有良好表现。

闫老师观察课的题目是"义和团抗击八国联军"。

他设计的教学目标有两个：①知道义和团和它抗击八国联军侵华的史实。②理解《辛丑条约》的影响。

大致流程是这样的：①用图片导入，引发学生思考进而引出主题。②以任务单为教学线索，引导学生完成任务。③教师指导并答疑。④教学总结。

这节课的教学流程很简洁，教师为学生学习设计了学习工具——任务单。课结束了，任务单完成了，个别学生的困惑老师也给予了清晰解答。一个只有半年教龄的青年教师能做到这种程度是不错的。课后讨论时，大家觉得似乎还少了一些味道。是什么味道？应该是历史学科特有的味道。这节课学生学到了什么？就是闫老师教学目标中所提到的：知道义和团和它抗击八国联军侵华的史实，以及《辛丑条约》的影响。学生走出课堂能应用的解决问题的方法和用历史的角度去分析、解决现代生活中现象的能力和态度，也就是学科核心素养的渗透，没有受到重点关注，教学目标的设计可以优化。

基于此，观察员老师们在给闫老师进行观察课反馈时提出了以下建议。

在关注知识掌握的同时，可尝试以历史学科核心素养和课程标准为依据对教学目标进行更深入的思考和设计。比如，用多种方法使学生真正理解义和团运动、《辛丑条约》对国家、民族的影响。再如，还应考虑怎样引发学生生成新问题进而能辩证地看待历史事件。

教学情境、学习任务、学习资源应紧紧围绕教学目标设计。比如，本节课的目标之一是让学生理解《辛丑条约》对中国的影响，教师可创设情境，让学生以不同的身份代入进行理解，以掌握辩证地看问题的方法，而不是仅完成任务单上知识梳理的任务。再如，教师教学时将图片作为一种重要学习资源，因此可依据目标要求深挖内涵，梳理出历史学科学习方法，以引导学生学会学习。

观察课结束后，闫老师对这节课进行了反思："这课堂我过于依赖教材和教参，把知识性的内容放在了核心位置，而培养学生学科素养、学科思维被边缘化了。在老师们评课前，我没能意识到。评课把我从'不识庐山真面目'的状态中拉了出来。"后来，闫老师对本节课进行了重新设计，修改了教学目标。

四天后，他参加了青年教师成长"夜餐"。在"夜餐"课上，闫老师的授课内容为"五四运动"。这一次，他在制定教学目标时特别关注了学科核心素养和课程标准，他制定的教学目标如下。

1. 知道"五四运动"爆发的原因、过程及结果，理解"五四精神"的内涵及意义，获得历史事件研究的步骤与方法，培养初步的史论结合的意识（能够从史料中得出史论）。

2. 通过小组合作的方式，对"五四运动"的史料进行长编处理，能够构建"五四运动"发展的时空情况；以问题为引导，从背景、经过、结果三个方面具体分析史料，理解"五四运动"发展过程。

3. 通过对"五四运动"中学生火烧赵家楼事件的讨论、反思，树立理性爱国的观念。

闫老师以"为什么把5月4日定为青年节"这一问题开启教学。接着，提出第二个问题："如果你要研究'五四运动'，你该从哪些方面研究？"为解决这个问题，他提出了研究历史学科的一些常用方法，并给大家提供了模型工具。学生掌握了工具使用方法后，再利用书上或老师提供的拓展资料，分析"五四运动"这一历史事件的过程，小组合作完成"五四运动"史料长编工作。学生对教学资料中显示的当时的一些过激行为提出质疑时，闫老师给予相应资料让学生独立思考后进行分析，老师点评、指导。

这个教学展示，从教学设计到教学实施，我们看到因为有清晰、适切的目标，并为实现目标设计了恰切的学习任务，提供了有效的学习工具，所以老师在课堂上表现得舒展自如。老师们认为，对教学目标的反复研磨、精准定位是闫老师能有这样变化的根本原因。有了明晰的目标，再以启动学生自我系统的核心问题和任务为引领，提供有效的学习工具与方法，就能解决任务有效完成的问题，就不会被学生没有边际的问题牵着走。目标从哪里来？从闫老师的案例中，我们清楚地看到，目标是从对学科核心素养的关注和研究中来，是从对课程标准的深入解读中来。

第五辑

服务教学，
管理走向标准化

过去的经验解决不了新的问题。必须用改革的方式，而不是用倒退的方式，解决改革中遇到的问题。

在管理服务中，应梳理并改造流程。流程变了，结果才会改变。流程好了，结果才会理想。

流程和制度是为标准化管理服务的。转变服务观念，提高服务质量，可以打造更便捷的校园生活。

应让最需要资源的人能够及时、方便地获取资源，应尽量让使用资源的人有权合理管理资源。

"报报熊"来了

张爱兵　于海龙

"铃铃铃……"上课了，孩子们都争先恐后往教室里走，教室里的王老师还在焦急地等待着什么。

开学已经一周，教育教学工作均逐步走向正常，但王老师所任教的六年级（5）班仍然缺少一套桌椅，王老师很着急。他清楚记得开学前他跟年级主任请示过。他想，年级主任可能已经跟校领导汇报了，校领导可能已经跟总务处交代了，总务处可能已经采买了，桌椅可能已经到了……

从这一事件中，我们明白了金字塔式管理结构层级多，从校长、副校长、中层部门到年级、师生，需求往往要经过四五个层级才能传递完成。这导致组织效率低下、信息不畅，难以在第一时间里满足师生需求。

时下，原来金字塔式的组织结构已经不适应学校的发展了，应运而生的是扁平化的组织结构，学校需要多个集决策、管理、执行于一体的低重心的组织系统，管理理念要向服务理念转变。

为了更好地开展工作，学校于2014年成立了北京市十一学校一分校微信群，并告知所有老师相关职能部门的人员分工及联系方式，老师可以通过微信群或者联系方式提出自身需求。改变工作模式后，对老师需求的处理效率有了很大提高。

随着时间的推移，我们发现，微信群信息更新特别快，老师提出的需求总会或多或少地出现遗漏，部分需求不能及时解决。由于第一时间没能得到回复，老师会通过联系方式找到对应部门进行需求对接，而此时其他部门或许已经通过微信群得知需求信息了（只是时间滞后了），这导致重复用工、多用工、做无用功。另外，后勤工作模式不符合现有师生学习和生活环境的需求，师生在遇到、看到或者想到需求时不知道如何反馈、向谁反馈，这也导致师生的需求无法及时被满足。

如何将服务工作标准化，满足师生更多的需求？这成为我们必须解决的问题。

为了减少老师上报需求的中间环节，使需求得到快速响应，校务处利用微信平台成立由部门负责人组成的"呼叫中心"工作群；同时，为了使我们的工作更贴近老师的生活，我们联系技术组老师一起开发工作平台。经过一番努力，现在我们不光有专业的工作平台，还有了后勤工作代言人——"报报熊"和"报报熊"表情包。

随后，我们为"报报熊"制定了工作流程图，并告知所有教职员工。这样老师就再也不需要针对某个部门反馈需求了，只需将需求反馈给"报报熊"。然后，"报报熊"将其反馈给"呼叫中心"，老师们的需求就能在短时间内得到答复和解决。现在，老师如果想要补充一套桌椅，呼一下"报报熊"就可以搞定。

"报报熊"不光提高了工作效率，还降低了资源消耗。此外，通过对每学期"报报熊"数据的分析，我们能更好地预期和布置工作，使校务处工作由"后勤"变为"先勤"。比如，通过对维修材料的统计，我们能知道总务维修使用材料的大概数量，从而做到精确采购，减少购买次数和资源浪费；通过对相同批次桌椅的维修量的统计，我们可以知道桌椅的使用寿命，从而提前做好桌椅更换的准备，以保障教育教学正常进行；通过对下水道的疏通次数的统计，我们可以在雨季来临前提前疏通管道，以免造成管道堵塞；通过对保安搬运数据的分析，我们可以制定合理且人性化的保安搬运制度；通过对电脑维修数据的分析，我们可以及时调整教职员工所使用电脑的软硬件配置。

从管理事到服务人

张宇　于海龙

在学校新课程理念的引导下,一线教师在改革的浪潮中,勇敢推翻自己习以为常的教学方式和教育习惯,迅速转换角色。作为行政部门的工作人员,我们也同样受到改革带来的冲击,同时也在工作中不断思考和寻找自己的定位。

下面和大家分享一下我们的思考与成长:从管理事到服务人——行政岗位工作中的自我成长。

建校伊始,办公室在管理校车时是这样做的。首先,制定了公车使用制度,对什么情况可以用车做了明确说明,并且在学校公告栏里公布。然后,我们在办公室门上挂一本表格,有用车需求的老师自行在上面登记。司机师傅发车前过来看一遍登记表,按最早发车时间待命。

一天下午出车时,有两位老师就因为登记的事发生了摩擦。"凭什么先去她的地方,而不去我的?"原来两个人都填了用车登记单,并且发车时间相同,因为都有急事,所以就产生了冲突。

事情发生后,我们对登记用车的管理形式进行了反思,发现老师们有用车需求却用不上车。老师们的需求到底是什么?不是有地儿填单子报需求,而是真正用上车。行政部门要为一线事业部门做好服务,在对师生的服务中体现部门存在的价值。

那么,我们该如何满足老师"用上车"的需求呢?这需要我们去协调,去服务。于是,在办公系统开发过程中,我们就要求加入车辆预约模块。随着技术更替，现在又开通了微信端的车辆预约和派车功能。这样一是让老师在线上就能实现车辆的预约登记，而不是从各个教学楼跑到办公室门前来进行登记；二是方便管理员在后台调取数据，进行统筹规，通过合理分配车辆，满足老师们的出行需求。

比如，一天早上 7:30 田老师等 3 人需要到位于北京市海淀区西三环的实验小学本部听课，而 7:50 郭老师等 7 人要去位于西四环的另一所学校听课。我们看到用车需求后，就给两位老师打电话，确认她们活动开始的时间。最终协调为 7:30 两组人一同乘车，先去西三环再到西四环。通过对出车时间的协调和对路线的规划，两拨老师都在规定时间内到达了听课现场。

通过主动服务，我们将每天的校车行程进行合理规划，能合并的合并，能交叉的交叉，能协商的协商，尽可能多地满足老师们"用上车"的需求，实现了从管理物到服务人的转变。这样虽然工作量增多了，但为老师们出行提供了便利，节约了他们的时间，让他们不再为外出用车的事而牵扯精力。

由于老师们进修和外出用车的需求不尽相同，一个司机和一辆车明显安排不开。我们虽然规划了路线，但路线外的老师还是不能享受到学校提供的乘车服务。

于是，针对老师们不同的用车需求，我们为老师们提供了更贴心的出行方案。比如，将学校的小车对有驾驶经验的教师开放使用、提供备用公交卡供短途老师借用、根据老师的"金点子"提案添置了自行车、允许老师外出时打出租车等。这些都是为了满足教师不同的出行需求。

我们把选择的权利都交给老师，这就是贴心的服务吗？问题又来了。老师外出打车回来后，就开始给我们打电话：交通费找谁报销？怎么报销？报销凭单怎么填写？票据怎么粘贴？按照报销流程，完成一次打车票报销一共需要 5 步：整理、粘贴原始单据 —— 填写报销单 —— 负责人审批签字 —— 预算系统填报 —— 会计审核票据予以报销。于是，在报销过程中就又出现"上课时间不能报销""课间正好赶上会计不在不能报销""不签字不能报""预算没填不能报"……

  管理的漏洞又暴露出来：报销难！怎么解决这个问题呢？首先，我们将交通费报销的审批权限下放到学部和部门主任，解决批准报销的第一步。然后，再由我们提供代理报销的服务。即使由我们收集大家的票据，再按流程去报销，时间还是会被拉长。因为这样虽然减少了中间环节，但老师们还是需要交票据、领现金，往返两次才能完成报销。这又引发我们思考：在追求标准化管理、力求精细化操作以提高办事效率的同时，我们是不是只关注到了事情的高效落实，而忽略了给人们带来的麻烦呢？

  在符合财务制度的前提下，我们想到了一个更贴心、快捷的办法——老师们只要拿着签好字的凭证来找我们，我们就先用自己的钱给老师垫付，然后自己再按流程要求，进行票据整理、凭证填写等工作，汇总后集中找会计报销。这样一来，老师们报销交通费就只有一个步骤——找自己学部或部门主任签字。这就解决了老师们报销难的问题。

  随着微信支付越来越普遍，在征得老师们同意的情况下，我们也开始用微信红包这种形式给老师们报销。这种做法能让老师们轻松、便捷地完成一次交通费的报销程序。

  我们在转变服务观念、提高服务质量、打造更便捷校园生活的过程中，从未停止过探索技术应用的脚步。下一步我们将继续利用现代化科技手段，力求实现线上报销审批等功能。

  流程和制度是为标准化管理服务的，现在的行政部门是教育教学的服务者，只有从人的需求出发，以人为本，再造流程，才能给老师们提供贴心的服务。

  从"暴露问题，发现漏洞"到"提供服务，弥补漏洞"，再到"以人为本，完善制度"，这个过程是从管理走向服务的过程，也是我们在服务中不断完善管理的过程。

将资源用在离学生最近的地方

金涛　于海龙

张老师在我校公共学科任教,她负责的课程中有国画、书法。张老师发现,每次学生上完课所交的绘画作品由于是宣纸,往往很不平整,既不美观,也不方便保存与展示。张老师就想把它们拿出去裱,但裱一幅画需要花费四五十元。她想,能不能在自己的教室里配备一台裱画机?这样既方便又能节省开支。于是,她跟学校提出了申请。

张老师没想到的是,没过几天,她的教室里就收到了一台"大家伙"——裱画机。这令张老师感到非常惊喜,她没想到自己的问题能够这么快解决。从此,张老师就能用收到的裱画机把学生的作品进行装裱之后挂在墙上进行展览,她的学科教室——"水墨轩"也成为学校一道美丽的风景。

在一分校,资源是如何在第一时间提供给师生的?学校又是如何合理地管理资源呢?

首先,合理管理学校资源,需要有管理机制做基石。

一分校实行的是扁平化、分布式、分权制、制衡型的管理机制。这种管理机制让领导层可以直接面对一线教师和教学,可以更准确地了解一线,也能够对一线的需求做出及时回应。

除了对需求的快速反应,随着学校教育教学的快速发展,师生对资源的需求也越来越个性化,这又该如何满足呢?

学科教室资源配备方式的改变为此提供了可能。我校有100多个学科教室。每年，学校都会为每个学科教室拨付专门的资金进行资源配备、教室布置。原来是由教导处统计大家的需求后统一采购，到货后再分发下去。这一方式流程复杂，从需求统计到资源物品下发耗时较长且容易混乱，老师们的需求不能很快得到满足。经过思考与沟通，我们采取了由教导处选择供应商后，每个学科教室负责的老师直接在供应商网店上选购教室所需资源物品、供应商直接发货给该老师这种方式。之后，教导处再统一收齐报销材料进行报销。在符合财务制度的前提下，这种做法满足了师生对资源的个性化需求。

这些做法正如我们学校行动纲要中提到的：让最需要资源的人员能够及时方便地获取资源，尽量让使用资源的人有权力合理管理资源。

面对学校的快速发展，各种资源又是如何运行与发挥作用的呢？

这得益于基本制度的保障。2016年初，学校建立了内控制度，内设财务管理制度10余项。我校财务人员严格执行单位的各项制度，按流程办事。

谈起报销，很多老师都觉得烦琐、耗时。过去，财务人员都是口头讲解报销流程，没有标准可参考，老师们总是听得一头雾水，不仅工作效率低下，对我们的服务也不满意。为了让老师们清楚流程，我们制作了财务工作手册并先后七次修改、完善。后来，我们又发现工作手册不够精练，内容也较多，看起来费时费力，因此又编制了财务报销口诀。

    支出要按预算来，集中采购归口管。
    预算系统先录入，及时通过好服务。
    预算系统都通过，再来报销分钟过。
    一千以上的实物，固定资产先入库。
    五百以上勿现金，支票转账公务卡。
    购物要有明细单，发放要有签名单。

发票内容盖章改，金额错误必重开。
发票背面要盖章，经办验收都签上。
发票真伪截图全，勿用废纸节约钱。
刷卡还款要记清，信用损失滞纳金。
大额支出有合同，会议纪要不能空。
租车会议印刷品，定点采购有单据。
培训会议和差旅，报销定额标准计。
劳务发放卡支付，课时资质需标注。
学校事务都心系，手续齐全勿忘记。
我们衷心来服务，望您体谅与协助。

后来，为配合校务手册的制作，我们又对财务工作和固定资产管理工作进行流程化梳理，制作了流程图，并通过多个途径进行宣传。我们还开展了行政工作沙龙，为老师们讲解财务报销流程；同时建立了采购人微信群，以方便政策的传达与答疑解惑。

现在学校处在快速发展期，各项支出增多。为了提高办事效率，学校经研究决定进行权力下移，授权财务负责人签署2000元以下的报销事宜。这保障了小额报销需求能得到快速满足。

这些改进都使报销流程变得更加清晰易懂、快速便捷。

有了管理机制、基本制度的保障，资源又用到哪里呢？

学校的行动纲要规定，为确保学校战略目标的实现，必须根据战略目标的实施需要，进行财务预算和支出。财务支出要厉行节约、精打细算。

预算编制分解下达。每年，根据区教委下达的预算经费总额及编制要求，我们结合学校事业发展规划和任务编制预算方案，确保预算编制的规范化、精细化。

在职能部门或学部按要求编制国拨基本预算时，大部分时候是按照学生活动或学生课程为单位来编制。比如，"狂欢节"预算、"科技节"预算、"综合实践课"预算、"游学课程"预算等。这样预算资金能够更加直接地用在课程及学生活动上，也就是将资源用在离学生最近的地方。

各个学部补充的办公经费，也是由各个学部的课程或学生活动决定的。比如，"致敬经典"运动会奖励、小学段课程展示奖励等。

除了基本的国拨预算，学校每年都会对国拨预算难以承担的事项进行认真梳理，并申请专项资金。在每次进行专项申请时，我们都会充分探讨与研究项目的可行性与必要性。项目负责人提出申请后，部门主任、校长层层审核把关。也正是由于对专项的认真研究，我校申请的专项获得了专项评审专家的认可，保证了专项资金申请的高通过率。

要保证每一分钱都花在刀刃上，让资源真真正正地用在离学生最近的地方。各学科竞赛活动后、各种运动会后，学校提倡让更多的学生得到激励，以激发学生的积极性。虽然奖品的数量增多了，但孩子的成长更重要。每学期，学校都为学生购买丰富多样的体育器具（篮球、呼啦圈、跳绳等），并将器材开放，尽量放置在校园里学生随手可用的地方。大家一致认为，用坏了总比放坏了要好得多。正如学校行动纲要提到的："学校资源建设应该把钱更多地花在离学生最近的地方，教育教学最需要的地方。"

公共空间的钢琴。前不久，学校将一架原先一直闲置在报告厅里的钢琴搬进了楼内公共空间。从那以后，每天课间，都有悠扬的琴声响起，钢琴旁也经常围满了小听众。很多孩子还由于这种熏陶而爱上了音乐，开始学习钢琴或其他乐器。正如刘校长经常说的："资源离学生越近，就越有价值。"

为什么一分校的老师都能热情饱满地投入工作中，且富有积极性与创造力？是因为学校可以快速有效且富有个性化地满足他们的需要。

为什么学生都愿意上学、不愿意放假？是因为学校有丰富的课程资源、教室资源……资源用在了离他们最近的地方。

只要将有限的资源"用在师生身上，用在离学生最近的地方"，学校的发展就更有希望。

合并校的文化基因如何建立

张志敏　于海龙

2014年3月26日,海淀区的两所基础薄弱校——群英小学、北京市第206中学,被合并为北京市十一学校一分校,由十一学校承办。这两所学校只有一墙之隔,拆除一堵院墙容易,但由原群英小学、原206中学、十一学校及盟校支援力量组成的一分校,面临多种观念的冲击与碰撞。如何迅速融合,如何快速发展,"一分人"从确立共同的价值观、创建共同的文化基因开始了探索。

统一目标,建章立制

我们迈出的第一步就是：统一目标,建章立制。

学校的可持续发展必须有科学的制度作为保障。一分校于2014年3月合并成立后,4月初,学校根据《北京市中小学教职工代表大会工作意见》建立了《北京市十一学校一分校教代会制度》；5月,通过民主投票的方式选举产生了一分校首届教代会代表39人,其中教师占代表人数的74%。

建校伊始,广大教职工就在各职能部门的领导下,组建了教职工职级聘任基础条件研究项目组、人事聘任及职级管理办法研究项目组、教师职称晋升推荐办法研究项目组、教师教育教学绩效评价办法研究项目组、教职工功勋积分记功办法研究项目组、教职工学术积分办法研究项目组等多个项目研究小组。小组成员多为师德高尚，在教学方面有示范作用，同时又是育人典范的教师。他们本着为学校发展，激发每个人工作积极性的原则，商讨方案。大家共同参与，畅想未来。经过一个多月的研讨，各项目组向教代会提交了学校各项管理制度初稿，供代表审议。

2014年5月20日，北京市十一学校一分校第一届一次教代会开幕，代表们围绕学校改革发展的基础性制度、办法展开研讨。会议期间，各位代表按时分组参与讨论，会下征集教职工意见，会上反映民意，几上几下，围绕会议文件畅所欲言，站在学校发展的高度提出了许多宝贵的意见和建议，会期长达一个月。

最终，在教代会闭幕式上代表以投票方式，通过了此次教代会的7个提案，呈现给广大教职工一份充分反映民主参与，让大家信服的规章制度。

学校通过筹备和组织教代会，让所有教师都参与学校的发展谋划过程，做到了人人参与，实现了教师当家做主。

制定行动纲要

建校两年后，我校通过系列变革，在教育教学、师资队伍、校园改造和社会声誉等诸多方面取得了很大变化和快速提升，稳步迈向新的发展阶段。2016年4月，为实现学校的可持续发展，一分校全体教职工亟需系统思考学校的发展愿景与价值追求，进一步明确新形势下的战略目标与实现策略，明确学校工作主要领域中师生员工的行为准则，形成我校特有的"文化纲要和行动指南"，为构建学校机制、开展教育教学工作等提供引领。

在校工会牵头下，学校行动纲要项目组成立并开展研讨工作，由各学部、部门及师生关系组（含学生领域）老师作为各自学部和部门召集人,每周定期组织各组老师共商共议,针对"三校优秀文化基因和价值观、共同愿景、关键成功因素、关键成功因素指标、战略改进领域、学校主要领域的价值观与行为准则"等方面进行六上六下的讨论与推敲。可以说,一分校的每一分子都积极发挥主人翁精神,参与到行动纲要的大讨论中。

经过两个多月的精心筹备,2016年5月17日北京市十一学校一分校第一届第九次教代会召开。代表们历经一个月,进行集中、分组讨论,并收集各项提案意见,三上三下,不断对共性问题征求意见,不断修订,产生《北京市十一学校一分校行动纲要》审议稿,并以97.4%的表决通过率通过。

有了制度保障和文化引领,如何让学校的文化基因和价值观深入人心,真正让学校成为"教职工心灵的栖所、幸福的家园"呢?我们关注每一个重要的日子,在那些具有纪念意义的日子里,不断传达我们对教师的关爱,进而提升教师的幸福指数。

提升教师的幸福感

建校三年间,学校策划了三届迎新酒会活动,每一届活动从主题的设定到环节的打造,无不充满"一分人"的情感与智慧。学校通过有仪式感的活动使新入职的教师感觉到被尊重、被重视,通过精心设计的环节使他们感受到成为"一分人"的幸福与骄傲。现在迎新活动成为每年一次的品牌活动。

在2014年"ONE SCHOOL, ONE DREAM"("同一所学校,同一个梦想")迎新酒会中,我们安排各学部、部门主任介绍新教师,新教师则走过红毯,在背景板上签上自己的名字,登台亮相;刘艳萍校长作为学校的首席服务官,与新教师一起合影留念。这些仪式让新教师感受到学校对他们的关爱与重视。

这一年，是我们第一次组织迎新酒会。虽然走红毯、签名字这种仪式足够庄重大气，但整个仪式都是从管理者的角度出发，对新教师的需求关注度不高，忽略了他们的年龄结构特点，活动设计缺乏活力。参加酒会的只有新教师和干部，对新教师的推介缺乏广泛性。

2015年"冉冉新星，筑梦一分"迎新酒会开始前，策划团队发起"我为新人贴标签"活动。我们收集了新教师的资料，通过线上平台在校内外广泛推荐。这个活动让全校老师，甚至家长都有机会认识和了解这些新入职的教师。这让他们感觉到自己被关注和被重视。

我们为新教师精心设计了专属入职纪念品——"梦想的翅膀"。它有"新人新星筑梦在一分"的美好寓意，是一件精美、实用的手机支架。这是由学校技术学科"平面设计"和"激光雕刻"团队出品的。一件小小的纪念品在课程与新教师之间建立起连接，让新教师感受到身处这所学校的自豪感和荣誉感。

2016年"携手筑梦，相印一分"通过线上方式向全校老师推送新教师信息进行预热，并且设计了好玩的游戏环节——寻找"知'新'人"，并邀请答不出与新教师相关问题的老师来到现场，由他们作为介绍新教师的嘉宾参与活动。

我们还提前为每位新教师订制了刻有他们自己姓名的专属印章，在给他们一份惊喜之余，让他们深深感受到学校对自己的关注与重视。每位老师将自己的名章印制在精心设计制作的纪念背板后，组合出来的正是"十一一分"四个字汉语拼音的首字母。这巧妙的构思，让老师们感受到学校对他们的重视，感受到自己的心跳和学校的命运紧密联系在一起。

精心设计的迎新活动，不仅让新入职的教师感受到学校的温暖，更弘扬了学校文化，为他们留下幸福与温馨的回忆，使他们更快地认同学校文化，融入一分校大家庭。

除新教师外，其他教师同样需要被关注、被认可、被尊重。他们渴望拥有友谊，渴望拥有和谐的同事关系。于是，我们将每年的3月26

日——一分校的生日，打造成一分校所有教师共同的生日。在这一天，学校通过活动搭建老师们沟通的桥梁，帮助他们构建和谐的同事关系，从而感到自己在学校中被关注、被重视，找到归属感。

三年来，随着学校发展及大家对学校文化价值观的认识，我们将学校的生日逐渐演变为校园文化日。在此期间，通过活动引领校园文化提升，增强教师在校的幸福感。

2015年3月，一分校一周岁生日，学校合并已经有一年时间，但有些教职工之间的沟通与交流仍然有限。为了打破这种"眼熟，不认识"的僵局，学校策划了"一分与我共成长，我为一分绘蓝图"活动。

活动之一就是"我好想和你聊聊天"。当天，全体教职工进入校门时每个人都会领到一束鲜花，并随机抽取一张写有教工姓名、电话的鲜花卡，每位教职工都要给这个任务对象送上鲜花并与他/她共同完成一些任务。

任务卡片上的三道题是这样的："2014年我们的关键词""2014年让您印象最深刻的人或事"和"和Ta聊一聊，说说Ta与你分享的一分记忆"。这三个问题唤起了老师们的共同回忆，成为老师们彼此认识和了解的切入点。互赠鲜花和完成问题，可以让老师们感受到同事间的关注与关爱。

活动当天，老师们兴冲冲地领取了任务单，操场上中学老师在为小学老师献花，办公室里公共学科教师在为职员老师献花……校园里随处可见一张张笑脸，一幕幕合影的场景。通过这种随机抽签配对完成任务的方式，学校为老师们创造了打破学部、部门、年龄、身份界限的相互认识、了解、沟通的机会，让每位教师感受到被重视，传递了爱和祝福，进而形成和谐向上的同事关系。

在"我为一分绘蓝图"环节，每位老师都手执画笔，在我们精心设计的校园卡通平面图上，涂上一抹色彩，寓意为"用自己的双手为一分绘制美好蓝图"。

2016年3月，一分校建校两周年，这时我们的课程改革已经初具成效，教师队伍已经实现了很好的融合，老师们渴望在团队中得到关注和认可，团队的合作力、凝聚力也需要不断增强。

基于这样的需求分析，在学校生日这天，策划团队设计了一次趣味十足的校庆活动——"世逸庄英雄大会"。"世逸庄"取"十一庄"的谐音。

当时，我们对在校教师的人员构成进行了统计：原中学教师50余人，原小学教师50余人，合并后新加入的教师90余人。我们对人员进行了分组，选取几位新人教师担任掌门人，再由掌门人从分组名单中抽取中学教师1人、小学教师1人、新教师2人组成自己的门派团队。在人员构成上创造中学教师与小学教师、老教师与新教师融合与合作的机会。

游戏环节也要求以门派小组为单位共同完成。比如，需要老师们合作才能完成的"世逸庄"碎片照片拼接。比如，其中的比武姿势大比拼，要求掌门人集合本门派所有人，按照图例模仿拍出本门派的照片参与线上投票。

活动日这一天，同一门派不同教学年级的老师们，相约在同一个时间共同去完成一个任务。每位老师在团队中都能发挥自己的作用，感受到自己被认可、被重视。团队任务为老师们提供了更多的沟通话题，增加了大家互相了解的机会，增强了集体的凝聚力。

2017年3月，一分校三岁了，经过三年的变革与发展，学校实现了制度建设、课程改革等各个领域的不断成长与突破。这一年，我们将策划点定位为"阶段性成果"。在"树已长成，初心始终"主题校园文化日活动前期，我们梳理出2014年至2016年三年间，学校经历的大事的相关照片，并用学校行动纲要对每个事件进行解读。

我们还设计了由十一—分校英文缩写组成的树形主题标识，与幸福树相呼应，用每位老师的签名或祝福组成文化日的主题标识。

这次活动让全体老师共同回顾了一分校变化与发展的过程、取得的成果，有仪式感的活动让每一位老师都感受到了与一分校共同成长的幸福与快乐，增强了幸福感、归属感和荣誉感。

学校成立初就启动了教代会制度，全体教代会代表广泛征集全校老师的意见，商议决定学校的重大方针、决策，使保证学校健康运行的基本制度落地。在基本制度的保证下，学校各部门运行良好，老师的权利与利益得到保障。

作为一个组织，学校要保持健康、良性的向上发展，我们需要明确价值追求是什么、信念是什么、倡导什么、摒弃什么。"一分校"形成了自己的纲领性文件、自己的文化基因。学校多种多样的校园活动让文化基因植根在每位教师的心底，让文化的力量引发教师生长的生命力，使学校成为师生的精神家园和成长乐园。

后 记

北京市十一学校一分校一成立，学校便开始进行课程与教学变革。经过数年探索，学校发生了翻天覆地的变化。

100多位老师、近2000个日日夜夜的探索、思考，汇集成这本《教育，让成长真实发生》。

作为阶段性研究成果，它们是老师们的心血结晶。目前，学校的改革还在不断深化，"大概念"引领下的单元教学实践还在持续探索中……所有努力，都是为了让我们的课程能更加有效落实，让学生的学习与成长真正发生。

本书第一辑由田艺伟、冯庆鑫、谢园老师主持整理，第二辑由张丽君老师主持整理，第三辑由于海宁老师主持整理，第四辑由叶翠、田晓萌、岳巍巍老师主持整理，第五辑由王贺老师主持整理。此外，邱泽民、姜维、籍小婷等老师梳理了我校各工作室的研究成果，代素慧老师整理了我校游学课程方面的成果。本书最后由叶翠老师统稿。

刘艳萍校长、学校课程研究院的章巍老师等都曾提出过宝贵的修改意见，在此一并表示感谢。

叶翠
2019 年 12 月

图书在版编目（CIP）数据

教育，让成长真实发生/叶翠主编.—北京：中国人民大学出版社，2019.12
ISBN 978-7-300-27785-1

Ⅰ.①教… Ⅱ.①叶… Ⅲ.①中小学—教学研究—文集 Ⅳ.①G632.0-53

中国版本图书馆CIP数据核字（2019）第300009号

教育，让成长真实发生
叶 翠 主编
Jiaoyu, Rang Chengzhang Zhenshi Fasheng

出版发行	中国人民大学出版社	
社　　址	北京中关村大街31号	邮政编码　100080
电　　话	010-62511242（总编室）	010-62511770（质管部）
	010-82501766（邮购部）	010-62514148（门市部）
	010-62515195（发行公司）	010-62515275（盗版举报）
网　　址	http://www.crup.com.cn	
经　　销	新华书店	
印　　刷	北京东君印刷有限公司	
开　　本	168 mm×239 mm　16开本	版　次　2019年12月第1版
印　　张	14　插页1	印　次　2019年12月第1次印刷
字　　数	190 000	定　价　68.00元

版权所有　侵权必究　印装差错　负责调换